行为经济学中的思维陷阱

[日]波波工作室◎著　　熊怡萱◎译

中国科学技术出版社

·北　京·

Original Japanese title：ZERO KARA WAKARU SHIRANAITO SONSURU KODO–KEIZAIGAKU

Copyright ©2022 PawPaw Poroduction

Original Japanese edition published by NIHONBUNGEISHA Co., Ltd.

Simplified Chinese translation rights arranged with NIHONBUNGEISHA Co., Ltd.

through The English Agency (Japan) Ltd. and Shanghai To–Asia Culture Co., Ltd.

北京市版权局著作权合同登记　图字：01-2022-3985。

图书在版编目（CIP）数据

图解行为经济学中的思维陷阱 / 日本波波工作室著；
熊怡萱译. —北京：中国科学技术出版社，2023.5

ISBN 978-7-5046-9987-9

Ⅰ. ①图… Ⅱ. ①日… ②熊… Ⅲ. ①行为经济学—
图解 Ⅳ. ① F069.9-64

中国国家版本馆 CIP 数据核字（2023）第 035820 号

策划编辑	杜凡如　王碧玉	
责任编辑	孙倩倩	
版式设计	锋尚设计	
封面设计	创研设	
责任校对	邓雪梅	
责任印制	李晓霖	

出　　版	中国科学技术出版社
发　　行	中国科学技术出版社有限公司发行部
地　　址	北京市海淀区中关村南大街 16 号
邮　　编	100081
发行电话	010-62173865
传　　真	010-62173081
网　　址	http://www.cspbooks.com.cn

开　　本	880mm×1230mm　1/32
字　　数	110 千字
印　　张	5.625
版　　次	2023 年 5 月第 1 版
印　　次	2023 年 5 月第 1 次印刷
印　　刷	大厂回族自治县彩虹印刷有限公司
书　　号	ISBN 978-7-5046-9987-9/F·1101
定　　价	69.00 元

波波工作室致各位读者

大家好，这里是波波工作室。

波波工作室是利用心理学、色彩心理学和行为经济学为企业提供咨询和各项内容服务的企划事务所。我们擅长利用各个交叉学科对问题进行逻辑分析，并创造新的内容。

如果你对行为经济学很感兴趣，但又觉得很难，那么我强烈推荐你将本书当作启蒙书。

有些人认为行为经济学是深奥的"经济"话题，其实不然。"莫名感觉1980日元的商品很便宜""如果使用分期付款，再贵的商品看起来也似乎很便宜""买鞋的时候会想把衣服和包都买齐"，这些都是很常见的话题。并且，行为经济学还能解释为什么我们最终会在不经意间光顾的网店或超市里进行消费等问题。

此外，本书还涉及了一些教你如何赚钱的内容，通过阅读便可轻松增加财富收益。本书读起来很简单，但当你回过神来，会发现它可以让你得以避免损失，并从中受益。

行为经济学是一门研究人类不可思议的行为的学问。本书在夯实行为经济学基础知识的同时，还将介绍学习行为经济学的优势。

新冠肺炎疫情以及长期的经济衰退已经极大地改变了我们的生活。我们处理经济问题的方式在未来将发生更大的变化。为应对这些变化，本书还涉及许多关于金钱和心理的话题。在此，笔者将本书推荐给各位初学者，以及想进一步了解行为经济学的各位读者。

那么，让我们一起进入行为经济学的世界里一探究竟吧。

波波工作室

—〈 图解 〉—
行为经济学中的
思维陷阱

目录｜CONTENTS

序章

**PART
1**

第一章
经济运转依赖于情感与感觉

PART 2

第二章

推动经济运转的人类特性——
"损失规避心理"

PART
3

第三章
人的非理性判断系统

PART 4

第四章
阅读经济心理学就能增加财富收益

PART 5

第五章
适用于商业与市场营销的行为经济学

PART 6

第六章
如何提升获取财富、利用财富的幸福感

※ 本书所涉及的"关键词"以行为经济学中的术语
为主，也包括心理学术语等其他领域的关键词。

莱奥

生为高傲而凶猛的狮子的后裔，却拥有与生俱来的共情能力，性格温柔。他知道自己在学习上尚有不足，因此想要获取各种各样的知识。

小玲

好奇心旺盛的小老虎。和莱奥青梅竹马。她和莱奥共同学习，想要由内而外地变得美丽。

零

凡事都经过理性思考、绝不出错的完美主义者。他参与学习是为了确认自己完备的知识体系。

玲子老师

为了让初学者也能理解课程内容，总是以温柔的方式教授着各个科目。特长是钢琴，爱好是烹饪。她就像大家的母亲一样。

序·章

什么是行为经济学

经济学中描述的人
都是理性行事、不
会犯错的。然而，
行为经济学中描述
的人却是不理性、
会犯错的。

    或许很多人认为"经济学是金融相关人士或是一部分商务人士需要掌握的内容，与我无关"。

    但事实上，讨论工资时离不开经济，而工资对幸福、爱情和养育子女又有很大影响。可见，经济与我们的生活息息相关。

    论资排辈式的工资制度已经发生了变化，我们的生活环境也因新冠肺炎疫情防控政策等而有所改变。在现代社会，经济对人生的影响不容忽视，学习经济知识的重要性也与日俱增。

贴近现实的经济话题

经济学 × 心理学

行为经济学

行为经济学是结合了经济学与心理学知识的新学科。

行为经济学可以帮助我们了解贴近现实的行为模式！

◎ "经济学×心理学"贴近现实的经济话题

经济学中描述的**"人"**的前提是他们能进行理性的思考与行动，不会出现判断失误。如果有最佳的方法，他们就会毫不犹豫地选择那个最佳选项。

然而，实际情况又是如何呢？我们有时即使花费高昂的交通费，也要去远的地方买便宜的商品；有时好不容易出门了，却顺便买了些没用的物品。

行为经济学是对人们非理性判断及行为机制的研究。它试图在非理性中找到某些规律和趋势，并应用于日常生活中。

如果我们把它看作是一个受心理学影响的经济话题，就更容易理解了。这是一门非常有趣的学科，不仅能为我们带来商业上的灵感，还能帮助我们了解自己。

无处不在的行为经济学

钱包中的行为经济学

不想把它兑换成零钱！

很快就会花光了！

在经济学中，5000日元的价值相同；但在行为经济学中，1张5000日元纸币（高面值纸币）和4张1000日元纸币加2枚500日元硬币（纸币+硬币）的价值却是不同的。许多人不愿意将高面值纸币兑换成零钱。

近年来，随着人们对经济活动中人类心理的研究逐渐深入，人们开始有意识地将其应用、渗透到社会中去。

比如说，看看你的钱包。如果有1张5000日元的高面值纸币，你是否想把它兑换成零钱？1张5000日元的纸币，与4张1000日元的纸币加2枚500日元的硬币价值相同，但在行为经济学中它们代表的价值却大不相同。

有研究表明，当人们把整钱兑换成零钱时，往往感觉钱会迅速花光，因此产生不愿意兑换零钱的心理。然而，当人们不使用现金时，这种抑制作用就会被稀释。

旅途中的行为经济学

耶！

请随使用。

好的。

到目前为止，大多数入住过这间客房的客人，在入住期间至少对毛巾进行过一次重复利用。

当提示语呼吁人们保护地球环境时，35.1%的人对毛巾进行了再次利用；而当提示语强调社会规范时，49.3%的人都选择对毛巾进行再利用（东京都环境局/2018）。

◎ 随处可见的行为经济学

行为经济学中另一个常见的例子是，当我们在商店里看到曾在广告中出现过的产品时，就会感到亲切，并最终选择购买。反复播放的广告，会令人对本来无感的商品产生好感。

当酒店的毛巾上附有"请重复使用毛巾，助力保护环境"的提示语时，客人就不会频繁更换新毛巾。在将提示语改为"到目前为止，大多数入住过这间客房的客人，在入住期间至少对毛巾进行过一次重复利用"后，毛巾的再利用率得到进一步提升。

这也是行为经济学的另一项应用。

在健康体检中，提供以下两个选项：
"A：至少每3年进行一次""B：至少每年进行一次"。

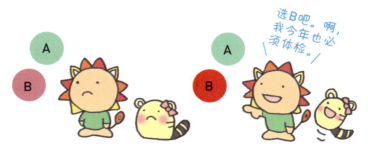

选B吧。啊，我今年也必须体检。

"助推"不是一种规定或强制要求，而是一种思维方式和方法，引导我们做出更好的选择。例如，把某一个选项设计得更醒目，从而鼓励用户选择。

"助推"一词，我们并不陌生。自它的倡导者、芝加哥大学的理查德·塞勒（Richard Thaler）教授获得诺贝尔经济学奖以来，它就迅速流行起来。

助推是一种思维方式和方法，它利用行为经济学的知识来鼓励人们自发选择合意的行为，而不是强迫人们做出选择。它还需对选择时的环境与行为进行设计。

助推策略能够激励有意达成目标的人采取行动，也能够给予没有理想目标的人以理想选择，促使他们采取行动。

英国在2010年、美国在2015年还专门组建了助推政策应用团队，他们在社会保障、教育、健康等领域取得了多项成果。

◎ 世界各地的助推策略应用范例

例如，英国的纳税通知书上记载了同一居住地居民的纳税率，因此提高了逾期纳税者的纳税意识，从而实现了每年约2亿英镑的税收增加。

在日本，各省厅和地方政府也采取了助推策略。东京都八王子市政府向上一年未就诊的大肠癌筛查对象发送了如下通知："如果您今年不做大肠癌筛查，明年我们将不再寄送检测试剂盒。"结果其就诊率比收到"如果您今年接受大肠癌检查，明年我们还会寄送检测试剂盒"通知的另一小组高了7.2%。

我们会做出产生「偏差」的判断

启发式与偏差

> 重要关键词
> ·启发式
> ·偏差
>
> 月
> 日
> 星期
> 值日

我们可能会做出不合理的判断，例如未能做出有利的选择，或是根据自己的印象和直觉做出了错误的选择。这些不合理的判断被称为"启发式偏差"。

莱特兄弟（Wright Brothers）于1903年成功实现了载人飞行，仅仅40年后喷气式飞机投入飞行，喷气式客机也于1952年投入使用。在短短的50年内，人类不仅用铁块实现了载人飞行，还为此开创了一个新的行业。

那么，实现了科技卓越发展的人类是否已经能够毫无差错地分析各种问题，并做出理性的判断呢？答案是否定的。

当复杂的判断增多时，我们会寻找思维的捷径，试图凭直觉做出判断。而这种直觉常常是错误的。

众所周知，我们会做出不合理的判断，例如没能选择最有利的选项，或是凭感觉而错误预估了概率。这些不合理的判断被称为"启发式偏差"。

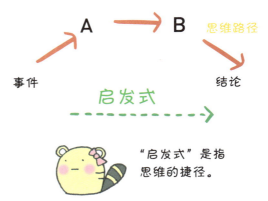

日语中，"偏差"一词所对应的日文（バイアス）还可用于表述"斜格子"（バイアスチェック）或"斜纹带"（バイアステープ）等词语。

"启发式"是指思维的捷径。

偏差理论的教父

行为经济学家丹尼尔·卡尼曼（Daniel Kahneman）教授和阿莫斯·特沃斯基（Amos Tversky）教授将判断所产生的"偏误"命名为偏差。如果由于某种原因而导致偏误，则用"产生偏差"来进行表述。

◎ 启发式与偏差

这种依赖于直觉思维的启发式方法，有时会导致不合理的判断，这种"思维偏误"就是"偏差"。

尽管标准经济学中所描述的"人"能理性地做出判断，但在现实世界中，人们会因为启发式方法而做出错误判断。现实中的"人"拥有的经验越多，他们使用的启发式方法就越多。

认知陷阱——采樱桃谬误

在判断是否接种疫苗时，不想接种的人会寻找各种不接种疫苗的理由，而想接种的人则会寻找各种接种疫苗的理由。

采樱桃谬误源于樱桃采摘的一般经验，指采樱桃的人专门从樱桃树上挑选成熟的樱桃来采摘。

自2020年以来，新型冠状病毒在全球肆虐，已然改变了我们的生活。同时，它还导致了人们心理上的各种变化。

人们各有各的想法，因此存在意见分歧是很正常的，并且自然会有人因某一个方针决策而产生得失。然而，**并不为人所知的是，这里潜伏着一个叫作"采樱桃谬误"的认知陷阱。**

"采樱桃谬误"指的是无视相反的信息或意见，只选取对自己有利的特定信息进行论述，是认知偏差的一种，也被称为"证实偏差"。只使用对自己有利的信息来说服对方。

其结果是，就疫苗接种问题，赞成派和反对派的对立愈演愈烈。

新冠肺炎疫情下人们的行为变化

传染病防控与行为经济学

丁零……

曾有研究者进行了以下实验，即按压消毒液时，它会发出有趣的声音，从而通过提升趣味性来引导人们进行手部消毒。据说这对提高人们的消毒意识很有帮助。

以在街头分发纸巾为例，与正常用手分发相比，用机械手分发纸巾时，愿意接受纸巾的人数显著增加，其接受率是正常分发方式的5.54倍（大阪大学松村真宏教授的实验）。行为经济学在应用于传染病防控的同时，也在尝试利用新的要素来创造新的价值。

◎ 传染病防控与行为经济学

另外，一些主题公园引入了类似于助推策略的门票价格变动机制，即旺季设置高票价，淡季设置低票价。这种根据需求而改变定价的机制被称为动态定价。

曾有研究者进行了以下实验，即通过按压消毒液时发出的有趣的声音，来引导人们进行手部消毒。今后，行为经济学有望用于疏散人流等。

学习行为经济学的优势

① 增加财富收益

② 提升销售额

③ 节省开支、增加储蓄

④ 让他人为我所用

⑤ 避免投资失败

⑥ 提升幸福感

学习行为经济学有很多优势。

学习行为经济学有什么优势呢？它其实被广泛应用于各个领域，有许多益处。最常见的六点优势分别是："增加财富收益""提升销售额""节省开支、增加储蓄""让他人为我所用""避免投资失败""提升幸福感"。

◎ 优势1"增加财富收益"

行为经济学是贴近现实的经济学。对于初学者而言，入门简单，也很有趣。

学习行为经济学的第一个优势是可以增加财富收益。同时，它不需要熟练使用复杂的公式等。

② 提升销售额

销售额

无须通过复杂的公式计算。

行为经济学中介绍了多
种提升销售额的方法。

① 增加财富收益

比较选项

我们并不是经过复杂的思考来判断是否购买某件商品，而是设定了相
对简单的参照物，通过比较来判断是否购买。如果我们善于利用这个
比较选项，就能引导顾客进行消费。

了解经济活动中人的行为模式和思维模式，你就能趋利避害。本书将
为读者介绍许多能够增加财富收益的经济心理学与行为经济学知识，助力
读者掌握能实现财富增长的思维方式。

◎ 优势2 "提升销售额"

如果你经营着一家实体店铺或从事电商工作，抑或对销售感兴趣，这
就是一个很好的机会，因为行为经济学中蕴藏着许多可以提升销售额的
方法。

还有许多可以提升线上销售额的方法，例如设置比较选项等。希望大
家可以掌握这些方法，用以提升销售额。

③
节省开支、
增加储蓄

当下的价值很重要

当下的价值和未来的价值都很重要

我们存不下钱可能不仅仅是因为意志薄弱、收入低等，还可能是因为我们对自己对待价值的看法了解不够。

④
让他人为我所用

学习行为经济学，就可以让他人为我所用。即使不通过语言表达，也能让人自发地行动起来。

◎ 优势3 "节省开支、增加储蓄"

利用行为经济学的知识，或许就不难解释如何节省开支、增加储蓄了。很多人认为存不下钱是因为收入低，其实很大程度上是因为"时间折扣"。学习了行为经济学后，你对存款的看法就会有所改变。

◎ 优势4 "让他人为我所用"

助推策略也可以用于引导他人。比如使用音乐可以促进目标商品的销售，为了改善健康也可以引导顾客走楼梯而不是乘坐扶梯，这些也都是行为经济学与心理学相结合的实例。

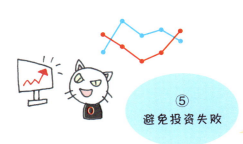

⑤
避免投资失败

了解投资者容易陷入的思维陷阱，投资就很难失败。

⑥
提升幸福感

仅仅实现财富增长并不能提升幸福感。但是，学习行为经济学可以在增加财富收益的同时，提高幸福感。

时间折扣

将未来预计可获得的价值折合成当下的价值，当下的1万日元与一年后的1万日元的价值是不同的。有的人认为，如果他们当下能得到8000日元或5000日元就可以了。不考虑未来收益，只偏好眼下收益的人是存不住钱的。

◎ 优势5"避免投资失败"

行为经济学对人们在投资中容易犯的错误进行了研究，对指导投资活动也有所帮助。近年来，涌现出了一股投资热潮。是否懂行为经济学，对投资成功与否有很大影响。

◎ 优势6"提升幸福感"

每个人对幸福的感知都是不同的，但了解行为经济学可以帮助我们调节幸福感。事实表明，仅仅增加财富收益，还不足以使人获取幸福感。让我们通过学习行为经济学，提升我们的幸福感吧。

第一章

经济运转依赖于

情感与感觉

我们并非冷静地分析状况，而后做出准确的判断。我们倾向于根据固有观念、感觉和情感来判断事物。现实世界中，经济活动的运转就是遵循我们这种带有偏误的判断倾向。真实的经济活动是由情感和臆想所驱动的。本章将对人的这些暗藏的判断倾向及思考倾向进行解读。

暴露『思维偏误』的选择题

● 4张卡片问题

请看下文的"选择题大挑战",其中有"1""4""红色""绿色"4张卡片。

这些卡片一面是数字,另一面涂有颜色。关于卡片,有这样一个假设:"如果一面是偶数,那么另一面就是红色。"

为了证实这个假设,最少需要翻看哪几张牌?请大家思考一下这个问题。

● 答案与实践中的证实偏差

这道题是根据英国心理学家彼得·沃森(Peter Wason)提出的沃森选择任务改编而成的。这道题最常见的回答是选择翻看"4"和"红色"卡片,但这是不正确的。要推翻这个假设,则需证明"一面是偶数,而另一面不是红色"。

"红色"卡片的背面可以是偶数或奇数,而我们必须确保"绿色"卡片的背面不是偶数。

正确答案是"4"和"绿色"卡片。据说这个问题的回答正确率为10%,大多数人都会回答错误。

为了证实某个想法或假设,人们往往倾向于只收集符合假设的信息,而不收集与假设相矛盾的信息。这种思维上的偏误被称为"证实偏差"。

选择题大挑战

上面的4张卡片，一面是数字，另一面涂有颜色。
为了证实"如果一面是偶数，那么另一面就是红色"这一假设，最少需要翻看哪几张牌？

答案与实践中的证实偏差

好的，放心了，放心了。

也要检查不好的地方！

我只能看到这个保险的优点……

只收集投资对象的正面信息。

当决定执行某项行动时，只搜集与该行动相关的正面信息。

人们往往试图通过只收集支持其假设和臆想的信息来判断事物。

证实偏差

一种认知偏差（思维偏误）。指人们在判断事物时，并不会广泛收集能够反证假设的信息后做出正确判断，而是倾向于只收集能够支持假设和臆想的信息。

『护身符』越贵越有效吗

● "价格" 与 "效果" 的关系

一家平安，愿望成真，生意兴隆……"护身符"的价格与功效之间有一定的比例关系。

虽然很难科学地测试"护身符"的有效性，**但人们往往会感觉他们相信的东西是有效的，这就是所谓的"安慰剂效应"**。

"一个昂贵的'护身符'一定能带来好运"，当我们一旦有了这种想法，就容易把日常生活中的好事与"护身符"的效果联系起来。

反过来想，也有可能是因为有了昂贵的"护身符"，我们就能积极地看待问题，因此取得了更好的效果。

● 经济世界中的 "安慰剂效应"

这种安慰剂效应也可见于经济领域。当日本央行推出宽松货币政策时，股价就会随之上涨。这是因为宽松货币政策会增加货币流通，人们期望这些资金会流入股市。

但有时会出现一种神奇的现象，即宽松货币政策实际上并没有发挥作用，资金未能流入市场，而股价却有所上涨。

这一现象可视为安慰剂效应，即投资者相信日本央行的政策一定能改善经济，他们的预期会对股价产生很大影响。

"护身符"的"价格"与"效果"成正比

我买了很贵的"护身符"!

也许是因为我买了昂贵的"护身符",所以才只受了这点儿伤吧。

人们往往认为一个昂贵的"护身符"一定能带来好运。

经济会好转吗?(安慰剂效应)

政府将出台宽松货币政策。

好的,我要买股票。

宽松货币政策一经出台,安慰剂效应导致很多人认为,即使资金没有实际流入市场,经济也一定会好转。

安慰剂效应

患者虽然服用了不含有效成分的药物,但只要相信它是有效的,也能达到改善病症的效果。在临床试验中,安慰剂可用于测试某种治疗药物的有效性,以证明该治疗药物的科学疗效。

无法从『黑心』企业辞职的理由

● 能接受"没有效果"

人们感觉昂贵的"护身符"更有效果，其实其中还有另一个原因。

当我们花大价钱购入某样商品，但却感觉它没有效果时，会受到很大的打击。高价购买"护身符"的人很难承认它是无效的，因此会做出不合理的判断，认为"护身符"不可能没有效果。

人们往往会忽视无效之处，转而寻找其他的微小效果，进而加剧了证实偏差。这种行为被称为"消除认知失调"。如果我们心中有两种矛盾的认知，就会感到不愉快。因此，我们会试图改变我们的想法或行为，以消除其中一个认知。

● 为什么留在"黑心"企业工作？

工作繁重、工资低，在这种情况下人们会想要消除这种不协调。

可如果人们转而认为从事这份工作"很有意义，很快乐"，或者"和其他公司相比，工资可能还不错"。尤其"快乐"和"痛苦"都属于情感方面，容易调节，所以我们一旦深信从事这份工作很"快乐"，就会继续留在"黑心"企业工作。

无法逃离"黑心"企业的原因之一是……

在"黑心"企业工作的人，为了消除繁重的工作与低工资之间的不协调，会深信"和其他公司相比，这里的工资应该不低"。

过去的重大失败=认知失调？

也有人认为过去的重大失败是"无法抹去的污点"，并一直背负着这种认知失调。但是，我们可以反过来思考，"多亏了这次失败，才成就了今天的我""感谢这次失败，我有更多好故事可以说"，从而将消极的回忆变为积极的回忆。

认知失调

美国心理学家利昂·费斯汀格（Leon Festinger）提出了一个观点。当人们头脑中存在两种矛盾的认知时，就会产生不愉快的感觉，就会试图改变自己的想法或行为，以消除其中一个认知。最终甚至可能会改变自己的记忆。

人们凭感觉选购商品

● 凭感觉购物

大家在买鸡蛋的时候，是按照什么标准来进行选购的呢？可能很多人在选择时都是无意识的，但实际上，包装照片上的蛋黄颜色等对销量有很大影响。蛋黄的颜色与饲料的颜色相关，与营养价值没有直接关系，但深黄色或橙色给人一种营养价值很高的感觉，因此卖得很好。

化妆品也是一样。四五十岁的人大多根据价格和效果等实际因素来选购化妆品，而二三十岁的人往往更重视产品的形状和外观等信息。前者更重视文字信息，而后者更倾向于视觉信息。

● 有些商品强调形象价格而非成本价格

一般来说，商品的定价是基于成本价格，再加上销售推广等经费和利润，从而确定定价。不过，据说某些制造商在开发产品时，首先设定品牌的销售价格，然后再分配成本和经费。

这个策略是通过彰显品牌价值，让消费者认定"因为这个品牌、因为这个价格，所以它一定是有效的"。许多人不是通过参考商品成分来考察价格，而是从价格和品牌上判断该商品似乎有效，并进行购买。**这种行为被称为"晕轮效应"。这是一种心理效应，即一个响亮的品牌和高昂的价格会使人们认为其内容也一定是优质的。**

人们倾向于认为蛋黄的颜色越深越有营养

蛋黄的颜色与饲料的颜色相关。

蛋黄的颜色很大程度上受到饲料颜色的影响。然而，蛋黄颜色较深的鸡蛋往往看起来更有营养、更美味。

人们倾向于认为价格越贵越有效果

贵的那个看起来更有效果。

用了贵的化妆品应该就可以变美。

人们往往相信"价格高的商品一定有效果"。

150日元 1000日元

营养饮料和化妆品的价格会影响消费者对其效果的印象。

晕轮效应（成见效应）

一种心理效应，比如会说多种语言的人看起来很聪明，或者穿着得体的人看起来很真诚。我们会把事物的一小部分放大为一个整体。我们会根据他人的特征和穿戴来对整体做出评价。这又叫作成见效应。

音乐操控我们的购买行为

● 音乐可以操控人的行为

社会心理学家阿德里安·C. 诺斯（Adrian C. North）和戴维·J. 哈格里夫斯（David J. Hargreaves）进行了一项实验，在一家超市的葡萄酒展示柜上方放置扬声器播放音乐，以观察音乐的类型如何影响顾客的购买行为。当播放德国音乐时，德国葡萄酒的销量是法国葡萄酒的2倍。另一方面，当播放法国歌曲时，法国葡萄酒的销量是德国葡萄酒的5倍。音乐对不同产地的葡萄酒销量有很大影响。而大多数买家都没有意识到音乐的影响。

● 背景音乐可能会产生副作用

1991年，作为日本水产厅食用鱼推广项目的一部分，一首名为《鱼的天堂》的歌曲问世，在超市和百货商店等地播放。在日本公信榜上曾一度排在第3名，鱼的销量也随之增加。某些公司还遵循这一势头，接着为其他产品创作背景音乐，增加了使用音乐推广的商品种类。

然而，长时间、长时期地播放一首歌会产生副作用。在日本和美国进行的调查和实验表明，当歌曲被用作背景音乐时，它在两三小时内都是有效的，而且能消除疲劳感和无聊感。但是，一旦超过这个时长后，就出现了一些不良影响，例如歌曲会一直在耳边回荡等。即使在超市，如果长时间播放同一首歌曲，也可能会产生不良影响。

超市播放法国歌曲时，法国葡萄酒就更畅销；播放德国歌曲时，德国葡萄酒的销量就会有所增加。

研究表明，背景音乐如果是快节奏的歌曲，匆忙用餐的人数就会有所增加，从而提高翻台率；如果是慢节奏的歌曲，就会延长顾客的逗留时长，从而增加点单量，提高营业额。

背景音乐的节奏与营业额

美国的一家餐厅，在大多数顾客都匆忙用餐的午餐时间，播放节奏较快的歌曲以增加营业额；而在晚餐时间播放节奏较慢的歌曲，与不播放音乐时相比，营业额有所提升。

对收购价格不满意的理由

● 高估自己的所有物

相信很多人都有这样的经历，当我们把一件二手物品卖给店家时，店家的估价与我们想象中的价格大相径庭，或是在二手交易网站上，买家与我们讨价还价，最终没能以我们预期的价格出售商品。

人们倾向于认为"自己拥有的东西很有价值"。这种现象被称为"禀赋效应"。

美国某大学的学生们曾接受过一项调查，了解他们愿意以多少钱出售或购买带有大学标志的马克杯。调查结果显示，预期售价与预期购入价格之间存在很大差异。这些杯子都是大学赠送的，但学生心理预期的售价与购入价格却存在很大差异。

● 彩票实验

波波工作室也在2014年对659人进行了彩票相关的类似实验。"假设你只买了一张300日元的彩票，但在彩票停止发售后，有人想要买你手中的这张彩票。如果不考虑人际关系，你愿意以多少钱出售？"结果，女性的平均预期售价为830日元，男性的平均售价为1326日元。

男女平均而言，人均预期售价为1180日元，是他们购入彩票原始价格的3.9倍。

问

"假设你只买了一张300日元的彩票，但在彩票停止发售后，有人想要买你手中的这张彩票。如果不考虑人际关系，你愿意以多少钱出售？"

答

2014年

女性平均830日元　男性平均1326日元

答

2021年

女性平均797日元　男性平均1715日元

2021年，用同样的问题对52人展开了调查，结果显示，与七年前的平均数额相比，女性的预期售价略有下降，而男性的预期售价则明显上升。

男性的预期售价明显上升，而20%的女性则根本不想出售已购彩票（因为有可能中奖）。可以推断，禀赋效应较7年前有所加剧。

禀赋效应

认为自己拥有的东西很有价值的一种心理效应。二手商品的预期售价往往高于买家的预期购入价格。特别是对改装过的家具、令人留恋的住宅或稀有的门票等，人们往往会有更高的心理预期。

1980日元的标价令人感到便宜的原因

当人们在超市或卖场看到"1980日元""980日元"这些数字标价，**会直观地觉得很便宜，从而产生购买欲望。这种现象被称为"尾数效应"。**

尾数效应中隐藏着多重效果和秘密。

◉ 令人产生打折的错觉

1980日元这个数字看起来像是2000日元减去20日元。因此人们下意识地认为这个是折扣价，从而感到十分划算。即使真的是打折，这相对于2000日元的折扣率也只有1%。而这1%就足以给人留下深刻的印象。

◉ 有节奏感

日本人很重视声音给人的感觉。1980的日语发音"ichikupa"和2980的日语发音"nikupa"的发音节奏很悦耳。

◉ 细腻

这种尾数效应遍布全球，但其他国家都倾向于使用9作尾数，比如"99"和"9.9"。因为这样可以在实现尾数效应的同时，实现利润最大化。然而，日本却并没有用9作尾数，而是使用了数字8。日本人的细腻可见一斑。

◉ 吉利数之数字8

生意人喜欢图吉利。尾数8的汉字为"八"，因呈扩张的形状，所以被视为吉利数字。

尾数蕴藏着许多秘密

2000日元1980日元

折扣率为1%。

"ichikupa"。

①制造折扣假象

虽然折扣率只有1%，却能以折扣价的名义吸引顾客。

②有节奏感

"ichikupa"的发音节奏很悦耳。

1990日元
→1980日元

应用尾数效应进行标价有许多好处。

③细腻

日本并没有用9作尾数，而是使用了数字8。日本人的细腻可见一斑。

④吉利数之数字8

8的汉字为"八"，因呈扩张的形状，所以被视为吉利的数字。

尾数效应

如果标价的尾数是"98""99""980"这样的数字，我们立刻就会觉得便宜。有时商家也会利用"逆尾数效应"，即通过将折扣率的尾数增加1%～2%，如32%、41%等，以凸显高折扣率。

红色价签令人感到『便宜』的奥妙

在卖场里，经常能看到用红纸做的价签。红色从远处看就很醒目，能迅速吸引人的眼球。

使用红色价签还有其他理由。红色价签可以实现多重效果。

● 从远处看来很醒目、引人注意的颜色

红色从远处看就很醒目，即使是在拥挤的卖场也能使商品价格一目了然。

对于红色，女性比男性更敏感。因此，它在许多女性顾客聚集的地方更加行之有效。

● 令人感到便宜的颜色

红色使人联想到"赤字"，能直观地令人感到便宜。这个颜色也向顾客传达出了"买到就是赚到"的信息。

人们倾向于保留他们对产品的第一印象，因此能凸显价格优惠的红色很适合用作价签。

● 刺激购买行为的颜色

对于那些犹豫是否购买产品的人而言，红色能够助推消费。红色具有刺激购买行为的作用。

● 令人难忘的颜色

红色是一个令人难忘的颜色。例如，即使你离开卖场之后，也很容易回想起"那个商品的那个价格挺合我心意"。

红色能引人注意

超市卖场的红字效应

 大特价  啊！

①从远处看就很醒目、引人注意的颜色

 便宜！

9折

②令人感到便宜的颜色

买了！

 **特殊价格**

③刺激购买行为的颜色

 SALE SALE

④令人难忘的颜色

 都是些没城府的家伙！

红字效应

红色是一个醒目的颜色，能够"引人注目"，即使我们没有刻意寻找它，它也会自动映入眼帘。我们可以把想要引起别人注意的物品设计成红色，使它更加显眼。人们认为女性对红色比男性更敏感。

『全款购买』与『分期付款』对应不同的消费实感

◉ 支付金额会影响消费实感

购买价格较为昂贵的商品时，如果用"全款购买"，就会觉得很贵。但是如果采用"分期付款"的话，顾客就不会觉得那么贵，从而更愿意进行消费。**这种现象被称为"数量效应"。**

当全款支付时，几十万或几百万日元似乎是压倒性的大数目。然而，当一次只需支付一万日元或几万日元时，我们就会觉得便宜了很多。

这也证明了，一次所需支付金额的大小，会给人留下不同的印象，从而产生不同的选择和行为。

◉ 数量效应的例子

有一些案例很好地利用了这种数量效应。其中一个著名的例子是迪亚哥（De Agostini）①出版的《双周》杂志。杂志上附有赠品模型或数字影碟（DVD）等，这些模型或数字影碟等被分成24期或30期出售，当把杂志全部买齐后就能完成一整个模型或一套系列作品。

即使是10万日元以上的高价物品，如果细分成多期付款，每期的价格就会变为3980日元，我们也不会觉得贵。而且商家还会同时利用尾数效应来刺激消费，比如将第一期的价格设定为299日元、490日元等很有冲击力的金额。这种销售策略会使人忍不住想要购买。

---

① 迪亚哥是一家致力于知识再造和传播的国际出版公司，总部在意大利。——编者注

数量效应的图像示例

例如，一款扫地机器人售价为111000日元，我们感觉很贵。

于是，我们尝试以订购月刊《扫地机器人》的形式，每月接收杂志赠送的机器人零件。

 初期480日元

 第2期3980日元

第6期3980日元

第3期3980日元

第4期3980日元

第5期3980日元

第7期3980日元

像这样分成30期付款，就会觉得很便宜。

实际上
付全款111000日元
分30期115900日元

可以说，这是行为经济学理论的一次杰出应用。

哟～

数量效应

一种心理效应。分20期（无息）支付100万日元，每期金额为5万日元，总金额与100万日元相同，但人们却会觉得很"便宜"。这可能使人们丧失消费实感，从而导致过度消费。

不为人知的商场策略

● 旨在让人"顺便购买"的购买战略

大家是否曾被百货商店里饮食店林立的餐饮街、季节性产品展览会和车站便当节等活动所吸引呢？

这其中也蕴藏了牢牢抓住消费者的心理战略。

餐饮街和展览厅一般位于顶层附近。一旦人们在这里完成了计划内要做的事情，可能想在离开之前去卖场看看。

商场将顾客吸引到顶层后，再将其引导到下层，目的就是**为顾客设计出一条能"顺便购买"的消费路径。这种心理被称为"淋浴效应"。**

● 消费者的多样化需求

另外，百货商店的"地下商场"是熟食和甜品区。用人气商品吸引顾客，**将顾客从地下引导至楼上，为顾客设计出一条消费路径。这被称为"喷泉效应"。**商场从顶层和地下引流，推动消费者"顺便购买"。

此外，仅靠淋浴效应和喷泉效应已不足以满足消费者的多样化需求。

今后有望通过小规模、紧凑化和虚拟化来实现行为经济学的新的应用。也许这就是创造新的行为经济学效应的良机。

淋浴效应

用餐

↓

购物

↓

（北海道美食节 6 楼）

在地下商场购买甜品

喷泉效应

在企划展买伴手礼

↑

购物

↑

在地下商场购买甜品

旨在利用从众心理的网购策略

近年来，网购蓬勃发展，应用了行为经济学的购买策略随处可见。"购买过该商品的用户还购买了以下产品"，以上这种商品推荐信息利用了人们的从众心理。另外，还有一种销售策略是利用顾客不想多付运费的心理，规定即使加购一件商品运费也不变，以诱导顾客同时购买两件商品。

淋浴效应

一种销售策略，即把商场的顶层设为饮食街，或在顶层展览厅举办活动，以吸引顾客，然后把他们引导至楼下。据说，本打算"用餐"或"在展会上购物"的人们，更有可能在商场内进行消费。

越不让按，越想去按的按钮

● 不能按的按钮

假设眼前有一个很大的按钮。如果只是单纯地摆放在那里，人们不会有什么特别的想法，但如果上面写着"请千万不要按"，人们就会突然产生想要按按钮的冲动。

人们有一种本能的诉求，希望自主决定自己的行为，当这种愿望受到限制时，他们就会试图反抗。这种现象被称为"心理抗拒"（别名：卡里古拉效应）。

● 应用于经济中的卡里古拉效应

卡里古拉效应也适用于经济领域，我们在不知不觉中就中了它的圈套。

例如，如果一部电影禁止有心脏病的人观看，人们就会因此产生兴趣，想看看这部电影是否有那么可怕。再比如说某款化妆品，如果禁止未在店内消费过的顾客购买，人们就会反而想要购买和使用。

此外，在作品呈现方面，也有一些试图吸引观众兴趣的方法，如给部分影像打上马赛克等，使部分图像不可见，或在发言上叠加"哔——"声，以掩盖原声。

另外，在网购时，如果看到"最后一件"或"等待补货"等标识，你是否会产生一定想要入手的感觉呢？这也是因为我们的购买自由受到了限制，从而产生了想要入手某件商品的心理。

当"我的决定我做主"这一诉求受到限制时……

请千万不要按

好想按！

如果被单方面禁止或限制，就会产生反抗的情绪。

电视购物等刻意设限，目的是提高商品的关注度。

好想要！

禁止未在店内消费过的顾客购买

好好学习！

如果接到强硬的命令，就会感觉自己受到了精神上的限制，因此产生逆反情绪。你小时候有过这样的经历吗？

『希望如此』→『定会如此』的谬误

● 感情决定未来

人们通常不会根据过去的数据对未来进行缜密的推测，也不会依据逻辑而制定策略并做出决定，而是会凭借个人的想象做出乐观的判断。

在企业中，高层仅凭"感觉可行"而为项目投入巨额费用的情况也并不少见。

就连美国著名的经济学家欧文·费雪（Irving Fisher）在股价暴跌之前也曾说过："股票价格已经达到了一个持续的高位。"

这一切的背后就是**人们的主观臆断，即"愿望思维"在作祟。对"希望如此"的渴望导致了"定会如此"的思维谬误。**

● 不依赖愿望思维进行判断的重要性

产生愿望思维的机制包含多种因素。例如，分析过去的庞大数据、用尽全力地思考，会给大脑带来很大的负担。人们喜欢寻找简单的规律，但当信息量变得庞杂时，人们往往不能做判断。

此外，正视严峻的未来，并努力回避它是一件痛苦的事情。我们容易想象一个光明的未来，试图摆脱痛苦。但我们需要有理性的判断，不要轻易逃避。

产生愿望思维机制的实例

这会有办法的，拜托你了！

什么办法也没有！

仍然有很多经营者会根据主观臆测、凭感觉做出指示。

为了避免被愿望思维牵着鼻子走

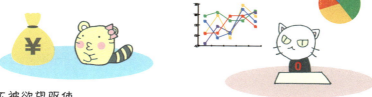

①不被欲望驱使

②分析数据

③不要逃避预测的结果

困难

愿望思维

期待好事发生的概率高于坏事的心理。人们根据对自己有利的感觉做出决定，而不是理性地得出预期值。

『吊桥效应』与『吸引回头客』的共同点

有一种心理效应被称为**"吊桥效应"，即人们更有可能爱上他们在吊桥上遇到的异性**。这是因为在吊桥上这种紧张的状态下，遇到异性，大脑会误以为由于身处高处导致的心跳加速是一种恋爱感觉。

● 吸引回头客的效应

与这种吊桥效应类似的另一个现象是，当一个人获得某种奖励时还伴随着巨大的声音或视觉冲击，他可能会对这个奖励上瘾，并希望再次得到奖励。

比如在会场观赏烟花大会，伴随着巨大的声响和绚丽的火光，会带来相应的奖励（烟花的美），从而产生中毒的效果。

人们在受到强烈的冲击时会心跳加速。随着时间的推移，大脑会误以为这是"感到有趣而导致的心跳加速"，并再次寻求强烈的刺激。

笔者以约20人为调查对象，在给予他们声音和视觉冲击的同时给予他们奖励，结果发现，大多数人随着时间的推移，会产生"想再次体验"的情感。

笔者将**这种现象称为"回头客效应"，并认为这是吸引回头客的原理之一。**

如何吸引回头客

心跳加速

心跳加速

① 如果在身处高处感到害怕时遇到异性。

心跳加速

② 大脑会误以为由于身处高处导致的心跳加速是恋爱时感受到的心跳加速。

心跳加速　　心跳加速

③ 会产生一种被异性吸引的心理。这就是"吊桥效应"。

④ 同样，在主题公园里，在声音和视觉的刺激下我们会处于心跳加速的状态。

⑤ 当我们在游乐设施的出口处购买纪念品而得到"奖励"时。

⑥ 随着时间的流逝，我们会产生想要再次体验的强烈回头客效应。

还想去！

回头客效应

当某种奖励伴随着巨大的声音或冲击时，人们往往会在一段时间内感到渴望再次获得这种奖励，即使它在当时并未受到高度重视。这是由于大脑的误解而产生的。

专栏 ①

推荐与行为经济学一并学习的学科

行为经济学 × 人际关系心理学

与其单独学习行为经济学，不如也一并学习其他学科，效果更佳。那么，究竟结合哪个学科进行学习才更有效呢？

笔者想向大家推荐的是"人际关系心理学"，其通常被称为"社会心理学"。

行为经济学本身就深受心理学的影响，通过了解人际关系心理学，可以进一步了解人们在经济方面的行为模式。通过了解群体和个人在社会中的行为模式、了解人们会对什么事情感到愉快，又会对什么事情感到不适，就可以将其应用于消费活动。

例如，如果你是一名销售人员，你不仅仅要考虑如何把目标商品推销出去，还需要知道如何接近客户才能让他们更信任你，进而深化你们之间的关系，这样一来，才能不断扩大你的商机。

第二章

—— 推动经济运转的人类特性
『损失规避心理』

我们拥有一个特性，对于了解经济活动而言很重要，那就是『损失规避心理』。毫不夸张地说，经济就是围绕着这种损失规避心理运转的。本章将介绍这种『损失规避心理』，从经济的深层观察其产生了怎样的影响。

二手化妆品畅销的理由

● 用过的唇膏也能卖出去？

在个人二手商品交易网站上，也有二手化妆品在售。令人惊讶的是，竟然还有用过的唇膏。

一般而言，我们希望尽量避免使用不认识的人用过的二手化妆品。然而，视质量和品牌而定，有些二手化妆品一经上架就会立刻被拍下。

其中销量特别好的是原价高的化妆品。**这与希望被看好、被认可的"尊重需求"有很大关系。**

● "损失规避心理"触发的二手商品购买行为

另外，二手化妆品可被当作高价化妆品的试用装，方便人们确认它是否适合自己的肤质。

虽然可以在商店里进行试用，但有些人担心他们可能会在商场售货员的推销下购买过多的产品，又或是有些人认为与人交流本来就是一件痛苦的事情。这种心情，**与"损失规避心理"有着很大的关系。** 担心买了之后却发现不适合自己、担心在售货员的推销下购买过多商品，这些想法最终表现为一种试图避免损失的行为。

二手化妆品畅销的理由

拍卖二手化妆品

二手商品怎么样？

越来越多的人在跳蚤市场网站上购买和出售二手化妆品。

不必苦于应对售货员的推销。

避免购买高价化妆品后却发现不适合自己，可以先试用。

可以满足尊重需求应对、可以避免买了之后发现不适合自己、可以避免与人交谈等，二手化妆品在以上这些价值观不断变化的过程中逐渐出现在大众视野。

尊重需求

渴望在社会上得到他人的认可。随着通信工具的发展，在社交网站中获得认可成了近年来人们日益增强的需求之一。

比起『得』，人们更在意『失』

● "止损"比获得"收益"更重要

每个人都想有"收益"。我们在考虑经济心理时，往往会优先考虑这种情绪，但实际上还有比这更强烈的情绪。

那就是"厌恶损失"的情绪。**比起收益，人们将损失看得更重，这种心理被称为"损失规避心理"。**许多人在遭受损失时感受到的负面情绪大于获得收益时感受到的喜悦。损失规避心理是人类的固有心理，而且具有逐年增强的趋势。如果不了解这一点，企业在提供服务时就会遭遇失败，个人也会在处理人际关系时惨遭"滑铁卢"。

● 降薪时的沮丧大于加薪时的喜悦

让我们来举一个简单的例子，来感受一下这种损失规避心理的特性。

公司由于业绩良好，决定从下个月起将所有员工工资上调1万日元。因为不与工作业绩挂钩，普调工资，所以大家都会觉得赚到了吧。那么反过来，如果由于公司的原因，下个月的工资突然少了1万日元，大家会是什么样的心情呢？和工资涨了1万日元时的心理波动一样吗？

大多数人在降薪1万日元时感受到的沮丧远远大于加薪1万日元时的喜悦。因为比起收益，人们更不想有损失。

经济学中1万日元的价值是相同的。加薪的喜悦与降薪的沮丧在程度上也是相同的。

从行为经济学的角度考虑，在现实经济中，与加薪1万日元的喜悦相比，降薪时的沮丧要大得多。虽然存在个体差异，但整体而言损失带来的负效用为收益带来的正效用的2.5倍。

比起想要有收益，人们更厌恶损失。女性比男性有更强的损失规避倾向，这是近年来人们不断增强的心理趋势之一。

不买车、不赌博的日本年轻人

● 年轻人的损失规避倾向

从损失规避心理较强的年龄段来看，10多岁、20多岁和60多岁、70多岁的人群比例较高。损失规避心理广泛存在于各个年龄段中。

近年来，日本的年轻人往往不买车，不去海外旅行，不买奢侈品，也往往不赌博。

根据博报堂生活综研《生活定点1992—2020》的调查，日本喜欢赌博的20多岁年轻人在1996年占23.1%，2000年占19.0%，2010年占16.0%，2020年占8.0%，近年来一直处于较低水平。**年轻人（尤其是男性）"不想亏本"的想法比以前更强烈。**

● 金钱、文化方面的变化所带来的影响

这个现象的背后是经济衰退所导致的严峻的就业形势和收入的减少。人们更倾向于不花钱的娱乐，而不是有风险的娱乐，这也是理所当然的。

文化方面也发生了变化。从昭和时代到平成时代的泡沫经济时期，日本曾刮起过一股认为"浪费很酷"的风潮，为了虚荣而买车、买奢侈品等。但这股风潮也随着经济的衰退而暗淡了下来。

不断变化的损失规避心理

损失规避心理存在很大的个体差异，但我们认为近年来，年龄和损失规避心理的关系如图所示。

损失规避心理

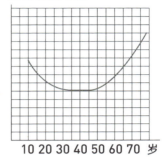

10 20 30 40 50 60 70 岁

近年来，损失规避心理也可见于越来越多的年轻人身上。

> **自称喜欢赌博的20多岁年轻人**
> 1996年23.1%（男性34.0%，女性11.3%）
> 2000年19.0%（男性29.1%，女性8.1%）
> 2010年16.0%（男性25.7%，女性5.8%）
> 2020年8.0%（男性12.5%，女性3.5%）

参考：博报堂生活综研《生活定点1992—2020》。

2000年

20多岁的男女对汽车、海外旅行等逐渐失去兴趣。

2020年

20多岁的男女对可能带来损失的事物愈发地失去了兴趣。他们倾向于避免做有风险的事情。

泡沫经济

日本在1986—1991年期间出现的一种社会现象，期间经济高速发展。以股票和房地产为中心的资产过度激增。"上亿日元的高级公寓"林立，企业也创造了大量的就业机会。由于资产价值远超过实体经济，所以被称为泡沫经济。

日益显著的损失规避倾向

● 日益显著的损失规避倾向

不仅是年轻人，所有年龄段人群的损失规避心理都日益显著。为了研究这个问题，我们做了以下调查。

咱们来玩一个游戏，根据投掷硬币的正反面来进行金钱交易。如果最终硬币是背面，你必须支付1000日元。反之，如果是正面，你会得到XX日元。要得到多少钱，你才愿意参加这个游戏？

最终硬币为正面或反面的概率均为二分之一。如果当反面出现时需支付1000日元，那么当正面出现时能得到1000日元才是公平的。然而，由于人们具有强烈的损失规避心理，所以他们不太可能认为1000日元的报酬与1000日元的支出是对等的，而且大多数人不愿意在这种相同的条件下下注。

2014年，以594人为对象的调查结果显示，最终所有人的平均金额为2499日元。如果没有2.5倍的回报，人们就不会想参与这个游戏。**这代表失去1000日元时感受到的沮丧与期待得到2499日元时的感受是相同的。**

我们随后在推特上问了同样的问题，看看七年后的2021年，损失规避心理会出现怎样的变化。由于选择题设有选项，因此我们无法进行单纯的比较，但我们从约96人的回答中求出平均值为2730日元，可能高于7年前的平均值。

随处可见的损失规避心理

今日限定

积分在本月底到期。

①令消费者误认为，错过了现在的机会就亏了

如果一旦有时间限制，例如"今日限定""积分在本月底到期"等，消费者就会产生不买、不用就会吃亏的心理。

继续交租金是一种损失呀！

若无效果，全额退款

要不然买来试一试吧！

②总是觉得自己吃亏了

一旦意识到自己一直以来都吃亏了，就会觉得必须要赶快行动。

③减轻对损失的不安

"若无效果，全额退款"等文案很巧妙地利用了人们的损失规避心理。

常见的损失规避心理

在购物700日元以上就可以抽奖的便利店促销活动中，如果购物金额达到了600日元，我们就会想再买一件商品，以便参加抽奖。这种心理也是受到了损失规避心理的影响。即使我们没有意识到损失规避心理，但其实我们也已经受到了潜移默化的影响。

以倍速观看订阅视频的人

◉ 为什么要以倍速观看视频？

最近，越来越多的人可以通过订阅的方式轻而易举地观看电影和电视剧，也有越来越多的人观看视频时选择倍速，或者跳过中间的片段。此外，更多的人喜欢在多个设备上一边玩游戏一边看视频，或者一边看电视一边看视频。

这背后有着影响人们的多重心理效应。

◉ 作品数量增多引发的焦虑

各个公司都有大量的会员作品。人们在支付固定的费用后，就可以观看这些作品，因此感到很划算。然而，由于作品数量太多，有些人不自觉地就会产生一种"吃亏"的感觉。他们认为"不多看些作品就亏了"，因而引发焦虑。

◉ 越来越多的人丧失了等待的耐心

越来越多的人等不及想看自己期待的剧情。人们只想尽快地观看自己想看的那部分。技术手段的改进也助长了人们随心所欲的心态，最终令人们丧失了等待的耐心。

◉ 寻求刺激的趋势

想要寻求刺激的人越来越多。有些人不是在享受影像作品，而只是为了获取自己想知道的信息。他们只想通过了解概要来寻求刺激。

观看视频的背后也有"不想吃亏"的心理？

越来越多的人选择以倍速观看视频，
从而引发各种各样的心理现象。

我？

不看就可惜了！

一定要观看视频的焦虑情绪

忍不住了！

越来越多的人丧失了等待的耐心

经常寻求刺激

只看喜欢的地方。

作品创作的变化

这一趋势也给制作方带来了很大的影响。比如在视频中添加字幕，便于观众倍速观看，并且制作方还会照顾观众的感受，设置旁白进行讲解，来辅助观众理解作品内容。

我们尤其对『免费』没有抵抗力

● 人们对"免费"没有抵抗力

我们对"免费"过度敏感。例如，如果一件500日元的商品降价300日元，降至200日元，而另一件100日元的商品降至0日元，那么绝大多数人都会选择0日元的商品。降价300日元的产品折扣更大，但人们却不会选择这一产品。当我们网购时，一听到"免运费"这几个字，可能就会被免运费的产品所吸引，即使它的价格较高。

我们会被免费的商品所吸引，并不是因为我们想要获得收益，而是因为我们不想蒙受损失，这是源于一种损失规避心理。如果是免费的商品，即使它不适用，我们也不会因此遭受损失。

● 追求免费化的社会

近年来，由于日本经济衰退和免费内容的增加，企业对其预算的看法也发生了变化。企业必须降低与内容制作相关的制作费、运营费。

结果，"物美价廉"就只剩下"价廉"，企业开始寻求廉价甚至免费的产品制作。越来越多的创作者认为，即使廉价，也好过没有工作，结果报酬变得越来越低，甚至一些学生或是初学者愿意免费进行创作，以当作练习。社会也倾向于寻求免费劳动力，因此优质的创作者无法得到培养，而这十分危险。

人们对"免费"比对"打折"更敏感

A优惠300日元，B优惠100日元。从打折金额来看，A的优惠力度比B的2倍还大，但人们对"免费"非常敏感，因此绝大多数人会选择B。

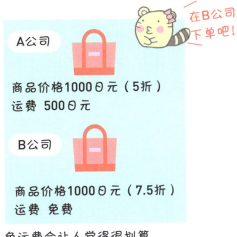

免运费会让人觉得很划算。

某一款应用软件，当它可以免费下载时，如果很多人使用过它。

那么即使它变成付费下载后。

下载数量也并没有减少。

因为人们意识到这是一个值得付费下载的应用软件。

免费应用与付费应用

某企业推出了多个应用软件限时免费下载服务。本以为限时结束后，如果改为收费的话，下载量会骤减，但实际上下载量却在持续增长。因为在限时免费期间建立起的口碑使人们意识到，这是一个值得付费下载的应用软件。

人们大量抢购的原因

2020年，日本社交网站上出现了卫生纸短缺的谣言，于是人们涌向超市进行抢购。后来，即使人们知道这是谣言，超市的卫生纸货架还是会被一扫而光，甚至腌制食品也常被抢购。

抢购者心中有"焦虑"。我们来总结一下，造成这种焦虑的根源是什么。

● 想维持现状，无法接受变化

人们基本上倾向于维持现状，无法接受变化。我们强烈拒绝使用替代产品，并不想改变当前的生活方式。

● 损失规避心理

不愿改变现状的情绪源自损失规避心理。人们并不认为自己应该想办法克服现状，而是为了维持现状疯狂抢购。这是出于不想蒙受损失的心理。

● 对未来的焦虑

越来越多的人变得过度焦虑。如果没有明确的解决方案，人们会寻求更多的信息，试图缓解自己的焦虑、消除自身的疑虑。而这样一来，就会接触到更多关于别人正在抢购的信息，进而产生一种"只剩自己"的焦虑。

大量抢购的心理

在遭遇灾害时容易引发大量抢购。

大量抢购的背后是"焦虑感"

①想维持现状，无法接受变化

别的纸

讨厌

大家都在抢购

讨厌

引发人们焦虑的诸多信息

讨厌

②损失规避心理　③对未来的焦虑

为了摆脱"焦虑感"，需要结交朋友，共享信息。并且，还可以和朋友共享自己缺少的物资，从而获得安心感。

焦虑症

焦虑是每个人都会有的一种情绪，但有时人们会感到过度焦虑，而无法控制自己。这种状态被称为焦虑症。焦虑症包括恐慌症、社交焦虑症和许多其他疾病。

『松竹梅』中『竹』最畅销

● 人们最喜欢中档选项

我们本打算根据自己的经济状况和商品的性价比来选购贵的商品抑或便宜的商品，但实际上并非如此。

例如，在聚餐或欢送会的套餐中，如果价格分为"特上""上""一般"这三个区间的话，绝大多数人会选择"上"。在这种心理作用下，"松竹梅"套餐中，"竹"将是最受欢迎的。

当有两种套餐时，高价套餐和低价套餐的销量没有什么规律，但如果有三种套餐，无论是在高档店还是在平价店，绝大多数人都会选择价格区间位于中档的"竹"套餐。**这种现象被称为"松竹梅效应"**，适用于日本全国，并无地域差异。

● 损失规避心理下的保守判断

为什么人们倾向于选择中档套餐呢？实际上，这也体现了人们的损失规避心理。

在前文中，笔者为大家介绍过，日本人如今不再讲排面。换句话说，他们越来越难以从购买奢侈品中获得满足感。

人们很容易在潜意识中认为，如果选择最高档的选项，而得到的套餐却不值这个价格，就会吃亏；或者如果选择最低档的选项，而味道不好，也会吃亏；而中档选项是最保险、最不易吃亏的。

人们在对一切进行比较

还是选B吧。

人们经常在对事物进行比较后做出判断。

之前胡萝卜好像是150~198日元1袋……

1袋228日元

"贵"或"便宜"也是通过与过去的记忆进行比较来判断的。我们心中有一个参考价格。

比较位置关系

松套餐 5000日元

竹套餐 3500日元

梅套餐 2800日元

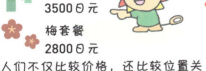

不想挨骂……

人们不仅比较价格，还比较位置关系。在餐饮店的"松""竹""梅"套餐中，绝大多数的人都会选择中档的"竹"套餐，其比例是85.7%（笔者调查）。

这种倾向在公司的宴会上尤为明显，菜品太贵了会受到批评，太便宜了又担心品质不好，因此负责人大多会选择中档的套餐（主要是受日本人性格的影响）。

松竹梅效应

面对三个不同价格区间的商品，我们并不会仔细考虑商品的品质和价格，而是倾向于轻易选择价位在中档的商品。特别是在宴会等这种不仅仅是个人用餐的场合，为了避免受人指责，这种倾向更明显。

『确定性收益即正义』

● 人们追求更多的确定性

你可以参加下图中的任一游戏。你想参加哪个游戏？

A：有80%的概率能得到5000日元

B：有8%的概率能得到6万日元

人们都希望选择对自己有利的选项，但结果并非如此。

A游戏的收益期望值为5000日元×0.8，即4000日元（参加一次游戏能获得4000日元）。B游戏的收益期望值为6万日元×0.08日元，即4800日元（参加一次游戏可获得4800日元）。

也就是说，B游戏的收益率高于A。然而，对594人进行了调查的结果显示，88%的人选择了A。

我们进一步将问题修改如下。

C：确定能得到5000日元

D：有10%的概率能得到6万日元

C游戏的收益期望值为5000日元，D游戏的收益期望值为6000日元，D游戏的收益率高于C。然而，调查结果显示，90%的人选择了C。这是因为人们会被"确定能得到"这个词所吸引，而不是去计算哪个游戏收益更高。

如上所述，收益的确定性会带来强烈的安全感，因此许多人倾向于选择确定性选项。这种心理被称为"确定性效应"。

想参加以下哪个游戏呢？

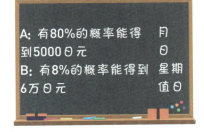

选择"确定性"，而非"高收益"

A：有80%的概率能得到5000日元
B：有8%的概率能得到6万日元

月日星期值日

 选A吧！ 我也是。

再来一题。想参加以下哪个游戏呢？

C：确定能得到5000日元
D：有10%的概率能得到6万日元

月日星期值日

 选C吧！ 我也是。

人们即使在面对高收益率的游戏选项时，依然更倾向于选择切实能够获得收益的选项。人们对"100%"的概率过度敏感。虽然"99.9%"和"100%"之间只有很小的差别，但在人的实际感觉上却有很大的差别。

确定性效应

我们主观感受到的概率与真实的概率之间存在很大差异。100%中奖率和99%中奖率差别很小，但我们却感觉似乎有很大差别。人们倾向于重视确定性，而不是期望值。

不了解『损失规避心理』而导致战略失败

● 损失规避心理可能会导致人们走向失败

"损失规避心理"是由人们厌恶损失的防卫心理所产生的一种思考倾向和情感。但是，如果这种情感过于强烈，就会扼住自己的喉咙。

最常见于企业的新产品开发。如果某公司已经针对某个产品开发投入了大量资金，即使预计无法赢利，也因为担心浪费前期所投入的资金与时间，而不会中途退出。

即使最理性的选择是停止开发，但企业也依旧会继续投资，因而加大损失。这种现象被称为"高估沉没成本"或"协和效应（协和谬误）"。

● 协和效应的事例

举一个我们身边的例子，比如人们由于已经为某款手机游戏花费了大量的金钱和时间，因此无法在中途停止付费，这种心理就是受到了协和效应的影响。特别是如果抽到了一个罕见角色的时候，就更停不下来了。

此外，从前在日本还曾发生过"Betamax"与"VHS"的录像机制式之争。

在中途Betamax处于劣势的情况下，市场份额之争依然持续了20年。自20世纪80年代以来，日本家用游戏机的销售竞争被比喻为"游戏机之战"，各家公司纷纷进入市场并推出新产品，被少数赢家甩在身后，最终因为没能把握好退出的时机而产生赤字。

企业与协和效应

赤字持续增加……

企业一旦在开发上投入巨额资金，即使预计无法赢利，也不会选择在中途退出。这种心理被称为"协和效应"。

观影中也存在协和效应？

无聊

我们看电影时，即使觉得某部电影很无聊，也会因觉得中途离场太可惜，而选择浪费时间也要把电影看完。

协和效应

协和式飞机是由英国和法国共同开发的超音速客机。开发商虽然明知即使完成开发也无法赢利，但由于已经投入了巨额资金，因此无法中止，进而损失不断扩大。虽然开发商生产250架飞机后可以实现赢利，但是当前实际产量只有16架。

恪守常规与回避禁忌的心理

● 运动员为什么恪守常规

运动员的常规程序是指为了实现心理控制和良好表现而进行的固定步骤或行动。

例如，棒球传奇人物铃木一朗因在比赛前设计他的每个动作细节而闻名。他还常年吃同样的食物，如咖喱。这样就不会因为吃了不同的食物而感到"不好吃""身体不舒服"，从而避免给棒球比赛带来不良影响。

顶尖运动员**为了发挥出最佳水平，不仅会复刻出色的动作来获得成功，还具有强烈的损失规避心理，坚持"不能失败"。**

● 不能违背的禁忌

常规程序是通过自身的行为来完成的，而禁忌则往往受到环境或情况的影响。

例如，日本人会将"4"（日语中4的发音为"si"）与"死"，"9"（日语中9的发音为"ku"）与"苦"联想到一起，认为这两个数字不吉利，因此酒店和医院的房间号不会使用4和9。

人们不愿意触碰这些禁忌，是为了避免损失，担心万一发生什么意外（包括不满）就麻烦了。

这就是常规程序
与禁忌的区别。

常规程序与禁忌的区别

常规程序

·常年吃咖喱
·赛前复刻相同行为
·做相同的准备运动
·赛后擦拭设备

禁忌

·不使用数字4和9
·"珍珠奶茶热"是经济不景气的前兆

不想吃亏

无论是常规程序还是禁忌，其根源都
是为了获得成功，避免失败和损失。

禁忌

原指不吉利的事情，但日本人有时也将它视为召唤成功的行为、
习惯、法则。虽然没有科学根据，但是为图吉利，运动员等都在
刻意回避禁忌。

在『得』与『失』中感受到的具体差别

● 价值函数中所示的得与失

我们在获得收益和蒙受损失时的感受是不同的。丹尼尔·卡尼曼和阿莫斯·特沃斯基教授通过实验等方式将个人如何评估得失进行了量化，**建立了"展望理论"这一决策模型**。

价值是基于评价基准点，即参照点（原点）的变化。所谓价值函数，就是将决策者获得的利益、遭受的损失与其主观价值感受相对应的函数。

价值函数在收益和损失都较小时变化较快，但随着收益和损失的增加而逐渐放缓。换句话说，10美元给人带来的心理数值的差异很大，但400美元所带来的心理数值的差异却并不大。这个数值在200美元左右变成了一条平缓的曲线。

● 损失80美元时，人的主观感受的绝对值与获得200美元时相同

另外，人们对于收益与损失的主观感受却并不相同。如果用数值来反映主观感受，那么获得200美元时的心理数值为"25"，而失去200美元时的心理数值要小于"−50"。

一般来说，后者的绝对值大约是前者的2.5倍，约为"−62.5"。也就是说，从绝对值来看，损失80美元时，人的主观感受与获得200美元时相同。

展望理论的价值函数

价值

25

损失　-200　　200　　收益

-62.5

随着收益增加，数值变化逐渐放缓。另外，人们对同等规模的损失和收益的主观感受却大不相同。与收益所对应的正值相比，损失所对应的绝对值是其2.5倍。这就是人们对于损失过度敏感的原因。

· 如果没有效果就退款
· 免费使用一个月

在市场营销中，很重要的一点是要考虑如何不让顾客感到吃亏。

展望理论

由卡尼曼和特沃斯基提出的实证决策理论。决策基准包括"价值函数"和"概率权重函数"。在获利收益时，如果金额较小，我们会对变化比较敏感，而金额变大后，我们就会变得迟钝。

推荐与行为经济学一并学习的学科

行为经济学×认知心理学

与其单独学习行为经济学，不如也一并学习其他学科，效果更佳。在继"人际关系心理学"之后，本书要为大家介绍的是"认知心理学"。

认知心理学是研究知觉、记忆、理解、思考等人的认知功能的学问。例如，在经济活动中，"记忆"非常重要，人的行动会受到记忆中的价格、价值的强烈影响。如果能了解记忆的机制以及记忆的变化和存储方式，就可以在经济活动中取得优势。

另外，人的判断标准约有八成依赖视觉信息，但这种视觉信息并不像看上去那么可靠，很容易出错。掌握必须注意的要点，会对判断产生很大的影响。

例如，一些银行和金融公司邀请受众好感度高的艺人为其广告代言，就是利用优质艺人的形象，营造出银行和消费金融公司安全和值得信赖的形象。根据哈佛大学和一些金融公司的调查发现，对于男性顾客而言，如果在制作贷款指南时使用女性银行职员的照片，会带来与降低5%利率相同的效果。那么，贷款信息表的尺寸、长宽比又应该是多少呢？认知心理学可以为我们提供此类问题的线索。

PART
3

第三章

人的非理性判断系统

我们根据基于经验的感性判断或失之偏颇的观点，开展非理性的经济活动。很多人都没有意识到这种判断是非理性的。在本章中，我们将学习『启发式』与『偏差』这两个行为经济学中的关键术语，并探索人们判断系统的倾向。

受到数字的影响而不自知

● 潜藏在无意识中的影响力

我们在做决定时，会按照逻辑来进行思考。

除此之外，我们还会凭直觉来判断事物。这个无意识的系统，会在思维过程中寻找捷径。这种判断方法被称为"启发式"，其结果就是导致各种各样的"偏差"（思维偏误）。

● "先入为主"的影响

根据美国儿童保健协会的调查，纽约的儿科医生A对400名没有切除扁桃体的11岁儿童进行检查，并建议其中45%的儿童接受手术。医生B对医生A未建议手术的儿童进行了检查，并建议其中46%的儿童接受手术。而医生C对医生B未建议手术的儿童进行了检查，并建议其中44%的儿童接受手术。

这种判断和数字之间出奇的一致性是**受到"沉锚效应（锚定效应）"的影响。人们往往根据第一印象或最初看到的数字来判断事物。**

医生们受到了"大约50%的11岁儿童需要切除扁桃体"这一预测的影响。数字"50%"是锚（基准）。而医生们很难察觉到自己其实是受到数字的影响。

豆腐价格之锚

某品牌豆腐 108日元

嗯？便宜吗？

毕竟是某品牌豆腐，这很便宜了吧。

锚

200日元

200日元

金额就像船锚一样驻扎在人的脑海里。这个锚不仅受到人以往经验的影响，而且还会自然地受到人刚刚看到的数字的影响。

深思熟虑、逻辑思考
如果每次都经过认真思考，我们会感到疲惫。

不知不觉中采用了直觉思维
这就是"启发式"。
导致各种各样的偏差（思维偏误）。

纽约儿科的例子

锚
50%

建议45%的儿童接受手术

医生A

剩余55%

建议46%的儿童接受手术

医生B

锚
50%

剩余54%

建议44%的儿童接受手术

医生C

锚
50%

沉锚效应（锚定效应）

事实证明，人的第一印象或是最初看到的数字会影响后续判断。曾看到过的数字就像是船锚，扎根在人的脑海，从而产生判断偏差。

便利店与理发店，哪个更多

● 常见事物的主观概率更大

大家觉得日本全国的便利店和理发店哪个更多？

当被问及这个问题时，许多人给出的答案是"便利店"。日本特许经营连锁协会2021年的数据显示，日本大约有5.6万家便利店。而日本厚生劳动省的数据显示，日本共有25.4万家美容院，数量是便利店的4倍多。造成这种印象偏差的原因是，**我们认为自己常见的、容易回想起的事物的主观概率更大。这被称为"可得性启发式"。**

因为很多人每天都会去便利店，所以印象中便利店更多。

● 新闻中提及的频率也会影响主观概率

那么你认为凶杀案遇害者和自杀身亡者哪个数量更多呢？

我们经常在新闻中看到谋杀案相关的报道。因此，我们倾向于认为他杀造成的死亡人数更多。2020年的数据显示，当年大约有2.1万人死于自杀，250人死于他杀。大多数自杀事件都未经过新闻报道，这就是我们往往认为自杀身亡人数较少的原因。

这种倾向特别是在我们刚从电视上看到凶杀案相关的新闻后，会表现得尤为强烈。自杀是社会问题，很多人都没有想到自杀人数会有如此之多。

"便利店很多"这一臆想

当被问及"便利店和理发店哪个更多呢?"这一问题时,

绝对是便利店!

约5.6万家店

约25.4万家店

许多人给出的答案是"便利店"。

实际上,理发店的数量要多得多。

新闻中的事件给人以频发之感

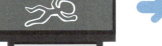

又是凶杀案.

每当我们在电视上看到凶杀案的相关报道,

就会觉得凶杀案比未经报道的其他事件更多,从而感到不安。

可得性法则

在想象概率、频率、实数值等时候,人们往往会过高估计容易想到的、容易记起的概率、频率、实数值。因此,我们会误以为电视上经常报道的致命事故的概率高于人的其他死因。

人们会塑造典型的人物形象

● 人们以先入为主的观念看待事物

人们以先入为主的观念看待事物，容易抱有偏见，比如有人认为"这个人是这种类型""那个国家的人是这样的"。再比如，有人以"A型血的人一丝不苟""B型血的人以自我为中心"等偏见将血型与性格挂钩，缺乏科学依据，是典型的先入为主的观念之一。

对职业的偏见、性别的偏见等都是先入为主的观念。这种**先入为主的观念被称为"代表性启发式"。**

● 琳达问题

请大家思考一个问题。"琳达今年31岁，单身，是一个直言不讳、非常有智慧的人。大学主修哲学，学生时代非常关注歧视等社会问题，还参加过反核游行。琳达未来最有可能的选择是以下哪一个？"

A：琳达将成为一名银行出纳。

B：琳达将成为一名银行出纳，同时也是女权运动家。

对47人进行提问的结果显示，64%的人选择了"B"（笔者调查/2021年）。实际上A选项包含B选项，所以选择A的人理应更多。但是，B选项附加了额外信息，更具有典型形象，因此往往更多的人会选择B。

琳达未来会成为什么样的人？

A：琳达将成为一名银行出纳。

B：琳达将成为一名银行出纳，同时也是女权运动家。
（卡尼曼和特沃斯基所提出的琳达问题）

选B吧。　选A啊！

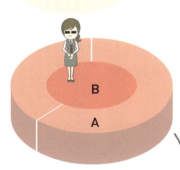

B

A

银行出纳（A）包含银行出纳、女权运动家（B）。所以，选A的比例理应多一些。但是人们倾向于想起典型模式，因此很多人选择了B。

原来如此。　对吧！

代表性法则

当某个集合体所包含的某个事物或人具有某种特征性倾向时，人们就会认为整个集体的所有人也都如此。这种想法可能会引发歧视，是一种不良的判断倾向。

该手术是危险的还是安全的

● 提问方式会对答案产生很大影响

提问方式或问题有时会对我们的判断产生很大的影响，并使其发生改变。

例如，你得了某种病，医生建议你做手术。医生提出了以下两种方案，你更愿意接受哪种手术？

A手术：接受手术的100名患者中，1年后有90人存活。

B手术：接受手术的100名患者中，1年后有10人死亡。

冷静思考一下就会发现，A和B都在说同一件事。但是A侧重于"存活的人"上，B侧重于"死亡的人"。

笔者对47人进行提问的结果显示，89%的人选择了A，远远大于选择B的人。

我们听到生还者人数会感到安心，而听到死亡人数就会感到不安。**即使结果是相同的，但不同的呈现方式（框架）给人的印象却是大相径庭的。这种现象被称为"框架效应"。**

理性判断有时令人感到冷漠，但有研究者认为："能够做出理性判断的人（不受框架影响）并不是没有感情，而是能够很好地控制感情。"

你更愿意接受哪种手术？

A手术：
接受手术的100名患者中，1年后有90人存活。

B手术：
接受手术的100名患者中，1年后有10人死亡。

选A吧。

一样的啊！

100人中
○ 90人存活
○ 10人死亡

存活

死亡

即使是同样一件事，不同的呈现方式（框架）带给人的印象却是截然不同的。此时能够做出合理判断的人，是那些能够很好地控制自己情绪的人。脑前额叶皮质可以整合并修正来自情感或认知的信息，并根据情况调节脑前额叶皮质的功能与计划复杂的认知行为，促使人做出恰当的社会活动。

框架效应

不同的提问方式会产生不同的结果。这种呈现方式被称为"框架"、这种结果随着呈现方式的变化而变化的效应被称为"框架效应"。商店所售商品上标注的税前、税后价格也可以被视为一种框架。

「对危险无动于衷」的理由

● 人们面对突如其来的危险时会变得钝感

也许有人认为，人们在遭遇灾难时，就像灾难片中描写的那样，会发出悲鸣，陷入恐慌，四处逃窜。然而，在现实中更多的是，许多人认为"算了，应该没事吧"，而不去避难，导致最终来不及逃生。

对于危险过于敏感，会造成精神上的负担。因此，为了保持内心的平静，人们会变得钝感。**我们面对危险时变得钝感，这一思维偏误被称为"正常化偏误"。**

东日本大地震时，虽然海啸警报响彻全城，但仍有一些人没有马上避难，而是亲眼看见了海啸之后才开始撤离，未能及时采取行动。这就是为什么日本电视台和气象厅更多的是在呼吁人们进行避难，"爱惜生命、采取行动"，而不是让民众"保持冷静"。

● 人们对长期的危险状态也会变得钝感

类似的情况可能会触发另一种偏差，即"乐观偏差"。例如，如果传染病持续蔓延，人们长期处于危险之中，就会对感染的风险抱有乐观的态度，即使在日本政府发布紧急事态宣言的状态下，也会认为"自己一定没问题，不会被传染"。这可能会导致人们忽视传染防护措施。

令你对危险变得顿感的"正常化偏误"

着火了！　　糟糕，糟糕，快跑！　　着火了！　　嗯……我应该没事。

我们一直以为，人们在遭遇灾害时会陷入恐慌，但实际上很多人会认为自己没事，因此延误逃生。这种现象被称为"正常化偏误"。

容易产生正常化偏误的情况和场景

有正常化偏误倾向的人不擅长应对变化。

许多人在一起时容易产生正常化偏误（相反，容易焦虑的人与其他人在一起会更好）。

过度依赖手机等工具的情况下容易产生正常化偏误。

正常化偏误

即使发生了灾害等意想不到的事情，人们也会认为"不可能有事"，而不立即采取行动规避危险，这就是造成人们无法及时逃生的原因。这是一种人们为了维持内心平静的防御反应。

买了鞋子，又想买衣服和包

● 我们喜欢从形式入手

你是不是也有过在购买了中意的鞋子之后，又想要加购同一个品牌或风格的衣服、皮包、小件配饰的经历呢？**这种现象被称为"狄德罗效应"。**

这个名字来源于18世纪法国哲学家德尼·狄德罗（Denis Diderot）的一篇文章，文章中提到他收到了一件非常漂亮的睡袍，于是他把家中所有物品都更换一新，来搭配这件睡袍。

人们都希望自己的行动和兴趣能够保持一贯性，并在具有统一感的设计中获得安心感与愉悦感。此外，在今天这个渴望得到认可的时代，人们希望在别人面前展现自我，所以更倾向于使用同一品牌、设计、风格的物品来彰显自己的品位。

● 利用统一感促进销售的店铺战略

大型家居店所展示的每个房间内的设计风格都是统一的。这样一来，人们就会想要一并购买一整套。对于消费者而言，这是一种危险的产品展示方式，因为它会刺激消费。

此外，"狄德罗效应"特别在奢侈品中起作用，毕竟这些商品价格不菲。被奢侈品包围的愉悦感和自我表现欲是很多人难以抗拒的。

反之，由于这种以统一感进行的展示会对消费者产生强烈的吸引力，所以卖家会在销售方法上下功夫。

很费钱吗？狄德罗效应

狄德罗效应=想拥有相同品牌、相同风格的衣服的心理。

狄德罗效应很费钱。要注意不要太过于沉迷其中。

快看，快看！好看的帽子！

对于渴望获得认可的人而言，这种狄德罗效应尤其明显。

运用这个效应，卖方可以同时推荐相同设计、品牌、颜色的商品，有望引导顾客批量购买。

狄德罗效应

这是一种当我们得到了某件具有理想价值的新物品后，就会想把其他一切都变成理想物品的心理效应。这种效应在时尚领域或家居等方面尤为突出，人们希望拥有相同品牌和风格的衣服、鞋、包、帽子等。

只需询问选民是否参与投票，投票率就会上升

来挑战一下这道填空题吧！

请在左边的〇处填入字母。

请在上面的〇处填入字母。是不是想到了"black"（黑色）？在看过了黑色的物品（老师的衣服）之后再看这个问题，大多数人会想到"black"。此外，如果是在看过儿童玩具的图像之后，更多人给出的答案会是"block"（积木）。

当我们事先看到或听到某个现象时，往往容易联想到和它相关的事物。这被称为"启动效应"。

企业积极做广告，不仅是为了提高它们的知名度，也是为了让人们在购物时更容易想起它们。

● 刚刚听到的内容会影响下一步行动

这种启动效应还可以得到进一步应用。

低投票率是选举中突出的一个问题，但有一个简单的方法可以提高投票率。那就是在投票日的前一天询问选民是否参与投票。认知心理学家格林瓦尔德（Greenwald）的实验表明，这个问题令受访者参与投票的概率提升了25%。

事先看到或听到的信息会决定我们的言行？

提起水果你会想到什么？

草莓

如果刚刚看到了红色，那么当被问及"提起水果你会想到什么"时，人们更有可能想起红色水果。

还在考虑。

去参与选举投票吗？

一直盯着我看啊……

该效应既适用于视觉信息，也适用于语言信息。实验表明，仅仅通过询问选民是否参与投票，

就令受访者参与投票的概率提升了25%。

启动效应

当人们事先看到或听到某个现象，就容易回想起相关信息，这个过程大多数情况下人们都是无意识地进行的，当事人完全没有意识到自己受到了影响。有时有人会企图利用这一效应操控人心。

试图寻找数字规律的人类心理

● 企图寻找中奖号码规律的心理

许多人在购买乐透（Loto）之类的数字选择型彩票时，都会试图寻找其中奖规律。**人们喜欢尝试在随机的数字序列中寻找规律，这种知觉效应被称为"图形模式妄想症"。**

在赛马、赛艇或自行车比赛中，人们有时会高估某个数字出现的概率，**这种现象被称为"赌徒谬误"。**

尽管每次的中奖概率都是独立的，但人们却认为过去的概率会影响下一次的中奖概率。这是一种类似于愿望思维的心理状态。

● 一些岩石和石头酷似人脸

另一个类似的现象是，一些岩石和石头等天然物体看起来酷似人脸。1976年，火星探测器"海盗1号"在火星表面拍到了形似人脸的奇异物体，这导致许多人传言火星人的存在。后来，人们拍摄到了更高分辨率的图像，发现这些岩石是天然的，只是外观与人脸比较相像。

在无意义的物体中感知自己熟悉的图像或声音，这种现象被称为空想性错视。空想性错视是图形模式妄想症作用于视觉和听觉上的一个例子。夜里风声听起来像是人声，也是这样一种空想性错视。

试图从数字中找出意义的"赌徒谬误"

以前的中奖号码

145	852
458	031
219	488
864	316

下次的号码可能是……嗯……

我看出来了！该轮到"7"了！

彩票虽然每次都是独立抽选，但我们还是会产生一种错觉，认为概率会影响下一次的抽选，下一次一定会有其他数字出现（或某个数字一定会连续出现）。

岩石酷似人脸？空想性错视

嘿嘿……

空想性错视是指人们在无意义的物体中识别出人脸等形状，例如在天然物体中发现形似人脸的部分。

图形模式妄想症

人们试图从毫无意义的信息中找到规律性和关联性。我们在彩票中奖号码中寻找规律，或者在历史事件中寻找巧合的情节，并且容易认为其中含有某种意义。

一万日元的价值取决于赚钱的方法

● 1万日元的不同价值

经济学中的1万日元的价值就是1万日元，是具有普遍性的。然而，行为经济学中的1万日元就不同了。人们从辛苦工作赚来的钱，抑或彩票中奖得到的钱中感受到的价值是完全不同的。

如果是彩票中奖得到的钱，很多人会想将它继续购买彩票，或者用于消费一些平时吃不起的高价食品。

赌博得到的钱被称为"赌场盈利（house money）"。**人们往往不会珍惜这种不费吹灰之力得到的钱，这一现象被称为"赌场盈利效应"。**

● 需要当心的赌场盈利效应

我们即使幸运地赢得了金钱，这种幸福感也未必能持续下去。

曾有一项国外研究，调查了高额彩票中奖者的情况。研究发现，虽然中奖者暂时获得了巨大的幸福感，但对于绝大多数人而言，这种幸福感在一年后就逐渐消失了。也有研究表明，即使通过获得金钱赢得了幸福感，一段时间后还是会回归原来的状态。

获得2021年诺贝尔经济学奖的斯坦福大学教授吉多·W. 伊本斯（Guido W. Imbens）也曾说过："根据我的研究，彩票中奖者并不比没有中奖的人更幸福。"

价值感受取决于赚钱的方法

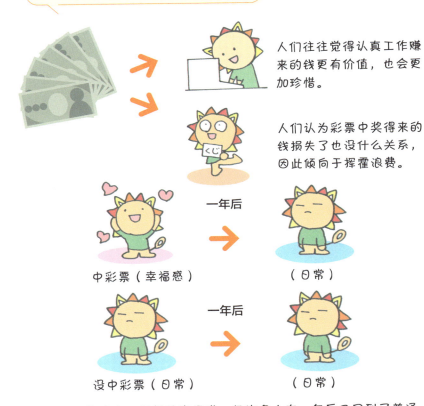

人们往往觉得认真工作赚来的钱更有价值，也会更加珍惜。

人们认为彩票中奖得来的钱损失了也没什么关系，因此倾向于挥霍浪费。

一年后

中彩票（幸福感）　　（日常）

一年后

没中彩票（日常）　　（日常）

中彩票虽能给人以短暂的幸福感，但许多人在一年后又回到了普通的、未中奖时的状态。研究表明，无论人们是否获得高额的"赌场盈利"，在一定时间后就会回归原来的状态。

赌场盈利效应

与工作赚来的钱相比，人们对"赌场盈利"有不同的价值感受，更倾向于将其用于高风险的投资或挥霍浪费。同时也是受到了损失规避心理的影响，即人们预估到失去这些钱时的损失较低。

赌博成瘾的机制

● 赌博成瘾的机制

赌博的魅力在于一种被称为"部分强化"的心理效应。行为的回报是不确定的，而这正是它的有趣之处。

很多喜欢赌博的人认为，踏实地工作获取固定报酬是一种很无趣的行为。

古典心理学认为，如果一个人大约每玩十次赢一次，就容易对赌博上瘾。但在损失规避心理愈发显著的现代，一个人如果每玩五到七次赢一次，就更容易上瘾。在这个胜率下，人们输得越多，就越容易沉迷其中。

原本沉迷赌博是受一种叫多巴胺的神经递质的影响，它是令人欣喜、兴奋、上瘾的要素。

沉迷扭蛋也是受到了多巴胺的影响

未知的"中"或是"不中"，
这就是魅力所在。

多巴胺

特别少见！

抽中时释放出的多巴胺会产生
强烈的快感，令人上瘾。

多巴胺

当赌徒赢钱时，欣喜和兴奋会刺激神经递质多巴胺的分泌。这
样一来，赌徒就会产生强烈的快感，并希望继续分泌多巴胺。
男性的分泌量更多，因此较多男性为了追求更强烈的刺激而沉
迷于赌博。

赌徒为何如此自信

● "输"变为"赢"

赌徒总是自信满满。尽管经历过无数次失败，负债累累，但不知为何，他们却依然盲目自信，认为"下次一定能赢"。

康奈尔大学的托马斯·吉洛维奇（Thomas Gilovich）教授为了研究赌徒的行为和心理，给了他们一台录音机，要求他们录下输和赢时的情绪。研究发现，当赌徒赢钱时，他们会发表更多的评论，夸耀自己正确的判断；而当他们输钱时，他们会倾向于忽略自己的失误。因为在他们的记忆中，输钱是因为运气不好，这本是一场"差一点就能赢"的赌局。

● 偷换记忆的事后聪明式偏差

赌徒经常因为输钱而偷换自己的记忆。例如，如果一个赌徒预测热门马不会夺冠（受到冷门偏差的影响），但就在终点线前，那匹马超越了其他马匹，获得了第一名，他不会认为自己判断失误，而是觉得"看，我就知道"，就好像他早就预测到了一样。

因此，实际上明明输了，他却只留下曾猜中结果的记忆。**这种事后偷换记忆的思维倾向被称为"事后聪明式偏差"，是导致人无法成长的重要原因之一。**正视结果并进行反省，才能促进人在下一阶段的成长。

"果然如此"的事后聪明式偏差

啊! 2号……

第1名 2号
第2名 8号

赌徒往往很自信。

没中……

即使投注失误，也不会过度沮丧。

啊，我的预测本来是对的!
这就等于中奖了!

他们往往只留有对"胜利"的记忆，认为不是"没中"，而是"差一点就能赢"。

把"果不其然""我就知道会这样"挂在嘴边的人，很有可能已经养成了"事后聪明式偏差"的思维习惯。应该试着不要把自己的想法正当化，而是养成客观地评价并进行修正的习惯。

事后聪明式偏差

在事发之后，认为这本是可以预测的一种思维倾向。不仅限于赌博，该偏差还可见于体育成绩或工作失误中。那些嘴上说着"看，果不其然"来嘲笑同事失误的人也可能带有这种偏见。

行为经济学的研究者

行为经济学是一门新学科，它的历史才刚刚开始。行为经济学的兴起是由于人们从关注代表重大经济现象的宏观经济学转变为关注"个人"经济。我们想介绍一些在行为经济学这一领域取得重要成就的研究人员。

● 丹尼尔·卡尼曼（1934—　）、阿莫斯·特沃斯基（1937—1996）

两人都是来自以色列的心理学家。传统经济学认为"人的行为是理性的"，**而不同于传统经济学，他们两人提出了具有"损失规避心理"等特征的前景理论。**可以说，行为经济学是在这两个人的共同研究下诞生的，并取得了巨大的发展。

特沃斯基于1971年成为斯坦福大学教授，卡尼曼于2007年成为普林斯顿大学名誉教授和伍德罗·威尔逊学院名誉教授。特沃斯基在59岁时去世，卡尼曼获得了2002年的诺贝尔经济学奖。

● 罗伯特·J. 席勒（Robert J. Shiller）（1946—　）

美国经济学家，耶鲁大学教授。他于2001年出版的《非理性繁荣》一书在日本成了畅销书，该书中预测了美国互联网泡沫的破灭。他也是《动物精神》的合著者，该书为次贷危机敲响了警钟。基于他对资产价值的实证分析，他在2013年获得了诺贝尔经济学奖。

● 理查德·塞勒（Richard Thaler）（1945—　）

美国经济学家，芝加哥大学教授。他奠定了"助推"这一思想的基石。**"助推"能促进人们自发地选择理想行动，已被纳入公共政策。**他还通过实验和数据证明了人类会做出不合理的行为。

此外，他还发表了多篇关于行为金融学的著作，阐述了人们并非理性地进行选择，进一步强调了行为决策研究的有效性。

他在2017年获得了诺贝尔经济学奖。

这样啊……

人的行为是不理性的。

诺贝尔经济学奖

诺贝尔经济学奖的全称是"瑞典中央银行纪念阿尔弗雷德·诺贝尔经济学奖"。该奖项是由瑞典国家银行为纪念其成立300周年而提出的，设立于1969年，而非起源于诺贝尔的遗言。

专栏③

推荐与行为经济学一并学习的学科

行为经济学×博弈论

与其单独学习行为经济学，不如也一并学习其他学科，效果更佳。"博弈论"是一门与行为经济学相得益彰的学科。

在思考最佳方案时，我们倾向于关注自己和目标之间的关系，思考如何从我们的决定中获得最大利益。然而，博弈论是通过思考竞争对手的行动与战略，从逻辑上思考最能让自己受益的方法。在现实社会中，有一些竞争对手与我们自己一样"想获利"，因此很重要的一点是要一边预测对方的行动，一边思考自己的战略。

博弈论是一门广泛应用于股市、营销、国际政治、劳资谈判等各个方面的学科。如果我们将这个理论与从事实际经济活动的人的行为倾向结合起来，就可能会产生非常有力的发现。

例如，人们在销售新商品时应该采取什么样的策略等，用博弈论来思考就能了解其中的机制。再利用行为经济学的知识，人们就能找到摆脱恶性循环的方法和有效的改进措施。

PART

4

第四章

阅读经济心理学就能

增加财富收益

很多人会感叹自己『存不下钱』『赚不到钱』，但赚不到钱也是有原因的。我想分享一些信息，为大家提供增加财富收益的机会，规避亏损风险。了解这些信息后，你的思维方式可能会产生很大的变化。

实现财富增长的基本原则

● 实现财富增长的基本原则

许多人都感叹自己赚不到钱。当今社会，人们开销越来越大，但收入却并未增加。如果我们不用努力工作就能拥有更多的钱，那真是美事一桩。本章将为大家介绍一个体系，让大家通过阅读本章，就能够减少损失，获得收益。

为了实现财富增长，我们需遵循一个基本原则。那就是**"不要听别人的话"**。且慢。很多人会说，父母或老师教导过我们"要听话"。是的，这就是我们容易落入这个思维陷阱的原因。

本节中所提到的"提案者"，准确地说，是指那些"告知你有办法赚钱的人"。

● 洞察提案者的本质

想要投资理财的人经常会被"能赚钱"这句话所迷惑。如果真的只赚不赔，他们未必会推荐给别人。

推荐自有推荐的理由。人一旦有欲望，眼界就会变得狭窄，只能从自己的角度来考虑问题。让我们来思考一下提案者的心理。

银行和证券公司都是以盈利为目的，它们在对客户进行提案时，未必只考虑客户的利益。

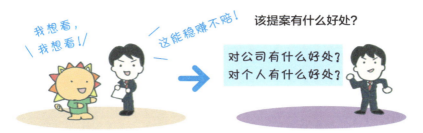

诱人话术背后别有内幕

不要一听到对方说"能赚钱"就全盘接受。

没有人会准确告诉我们如何能赚钱。这背后一定有其原因。尤其是在其看似对提案者没有任何好处时，就要特别注意。

人一旦有欲望，眼界就会变得狭隘。我们不仅要考虑自己的利益，还要考虑对方的利益是什么，这件事是否对双方都有利益。

投资信托

这是一种金融商品。名为基金经理的投资专家，将从普通投资者处募集到的资金进行整合，用于投资、管理股票或债券，并分配所得利润。不保本，存在亏损风险。投资需谨慎。

什么是吸金体质

● 让自己保持愉悦的心情

人们会不自觉地根据自己当前的心情选取信息。如果我们一直关注一些灾害或事故相关的新闻，就会感到压抑。这样一来，我们会看到更多负面信息，心情也会更加低落。而当我们心情好时，会收集到更积极的信息，心情也会变得更好。

这同样适用于经济领域：要想聚财，就要多看看正面信息和成功的案例。这样一来，我们就会感到愉快，也能做出积极的判断。不仅能够调节心情，还能够在无意识中改善我们的处境，从而更容易创造出一个良性循环。这种现象被称为**"心境一致性效应"**。

● 信息可靠度随时间推移而变化

大家可能都曾在网络上看到一些明显可疑的信息，比如"稳赚不赔""万无一失"等。即使我们起初认为这种宣传并不可靠，却可能逐渐对这些信息产生兴趣。这是因为随着时间的流逝，可信度低的信息与信息源剥离开来，**信息源将被人们遗忘，最终只剩下信息本身。这被称为"睡眠者效应"。**

那些落入话术陷阱而导致亏损的人们，或者那些轻信了可疑信息的人们，可能是受到了"睡眠者效应"的影响。能够累积财富的人，对于自己的信息来源始终保持着高度警惕。

建立良性循环的"心境一致性效应"

当我们接触到积极的信息时，我们的情绪往往也是积极的，因此为了使事物向好的方向发展，我们就会在不知不觉中不断地进行完善并采取行动。

被遗忘了的信息源——"睡眠者效应"

人们即使最初认为从互联网上获得的信息是"可疑"的，但随着时间的推移，他们逐渐不会在意信息源是否"可疑"。如果人们对这一效应不多加留心，就会被信息牵着鼻子走。

睡眠者效应

人们对于从可信度低的信息源处获得的信息，一开始会抱有怀疑，但随着时间的推移，人们对这些信息的警惕性逐渐降低，并逐渐将其作为正常信息使用。这是人们虽在记忆中保留了信息内容，却遗忘了信息源，从而产生的一种心理效应。

做
好
人
生
规
划
就
能
吸
金

● 做好人生规划

当我们面对人生中的各种选择时，如果仅仅草率地做出决定，那么成功的概率绝对不会很高。我们这一生中会面临包括就业、择偶等在内的各种选择。

选择什么样的工作？选择什么样的企业？从未选的选项中能够获得多少利益（机会成本）？在考虑清楚这些问题的基础上做出选择，才能在经济上获取利益。

● 善用自我暗示

若你想在不知不觉中成功吸金，笔者建议你做好人生规划。

请试着在一张纸上写下你计划在现在的公司工作几年、什么时候结婚，计划每个月花多少钱，什么时候买车或买房等。那些认为"攒够了钱之后再行动"的人，永远也攒不下钱来。

如果我们一开始就定下某个计划，并相信"只要履行计划就能顺利推进"，就会产生类似于"自证预言"的自我暗示效果。花钱大手大脚的人，可以先贷款买车、买房。比起过度支出，把钱变为资产留存下来会更有价值，而且如果我们每个月需要支付房贷，也可以在一定程度上避免乱花钱。

仅仅通过制订计划，我们的行为就会发生改变，例如"减少浪费""好好攒钱"等。

你是否做好了人生规划？

计划很重要！

随便找个工作，总会有办法的。

A公司

B公司

A公司
预期5年内收入3000万日元

B公司
预期5年内收入2500万日元

当我们面对人生中的各种选择时，如果仅仅草率地做出决定，那么成功的概率也会因此下降。不同的选项会带来多大的差异，我们应谨慎考虑这个问题后再做出决定。

利用"自证预言"改变自我

等有时间了再做吧。

不，先行动起来！

"行动很重要"，一定会顺利的！

另外很重要的一点是，要先采取行动。如果我们制订了一个计划，并认为其能顺利进行，那么现实中我们也会采取相应的、顺利的行动。例如，与其在需要时才考虑入手一件晚礼服，不如先买一件晚礼服，这会使我们更主动地参加一些能用得上它的活动。

自证预言

当我们看到性格测试的结果时，我们倾向于让自己更贴合测试的结果。例如，如果有人告诉你，你的性格一丝不苟，那么你并不会觉得这个评价不正确，而是会按照一丝不苟的个性标准来行事。

股票的暴跌机制

● 暴跌时的投资心理

近年来，越来越多的日本人开始通过个人缴费确定型养老金（iDeCo）和小额投资免税制度（NISA）等储蓄投资的形式管理资产。不过，也有许多人害怕投资。雷曼危机、新冠肺炎疫情，以及股市暴跌等，都是触发人们焦虑情绪的因素。

暴跌的机制虽然还未完全明了，但已可知，投资者的心理发挥着重要作用。

在1987年10月19日（"黑色星期一"），股市暴跌之后，美国经济学家罗伯特·J. 席勒立即对投资者进行了问卷调查，结果显示，许多人在崩盘当天无法集中精神，并因焦虑而出现发汗或胃痛等症状。这种焦虑情绪导致股民纷纷抛售股票，反过来又进一步给人们造成了更大的焦虑。

● 如何在投资中取得成功

要想在投资中取得成功，我们不仅要学习投资技巧，而且还要了解投资和经济中涉及的心理学，这是非常重要的。理解与投资相关的心理、克服暴跌带来的焦虑、强化自身心理素质是关键所在。

日经新闻的一项调查显示，在接受调查的人中，那些即使在股市行情不好时也能获取巨大收益的人，都采取了相应的心理措施。

投资与心理训练

2007年	次贷危机
2008年	雷曼危机

股市时而暴跌。

不仅要学习投资，

若想获得成功，我们就要了解这种股市暴跌时的心理机制。

同时，也要锻炼心理素质。

黑色星期一

1987年10月，全球股价暴跌。到1987年10月末，中国香港股市下跌了40%以上，英国、美国股市也下跌了20%以上。日本股市也出现了有史以来最大的单日跌幅，跌幅近15%，但宽松的货币政策助力经济较快复苏。

能避免失败的投资和经济心理

● 暴跌时的投资心理

从上一小节所述的"黑色星期一"之后的投资者心理可以看出，人们的损失规避心理是导致他们在股市暴跌时感到焦虑和恐慌的主要原因。如果不了解经济相关的心理，只会被焦虑所左右，从而造成巨大的损失。

本小节将借助在下跌行情中仍能成功获取收益的投资者的投资方法与前沿的经济心理学，对我们在投资时应该考虑的要点进行解说。

● 了解产生偏差的机制，锻炼心智

一旦出现"买入"或"卖出"趋势时，经验尚浅的投资者便会出现从众行为。这一行为是由害怕蒙受损失的损失规避心理所引起的。焦急地追随别人的行动，在大多数情况下是没有好处的。

首先，通过"了解经济心理学""了解产生偏差的机制"，能够了解他人和自己的心理，**从而不再为小事而感到不安，这样的"心理训练"很重要。**

尝试"制定自己的规则，并遵守这些规则"。这也是许多股票投资者身体力行的做法。如果是损失规避心理较强的人，在股价下跌时也可以采取屏蔽信息的办法。"养成冷静看待事物的习惯""不盲目乐观，慎重判断"以及"放下懊恼，舍弃羞耻心，避免重蹈覆辙"。

如何避免投资失败

 了解经济心理学 → 了解产生偏差的机制 → 心理训练

这种逻辑思维不仅应该用于投资活动中，还应该用于增加财富收益，避免财富缩水。

需要实施的心理训练

①遵循自己的规则

训练自己遵守规则，例如"如果股价下跌了○%，不要感到沮丧，要立即抛售"等。

 看看左边，看看右边，好的！

②养成谨慎思考的习惯

平日不要抱有"总会有办法的"这种乐观的想法，要养成三思而后行的习惯。

③始终保持冷静思考的能力

也可以通过在博客等社交媒体上发帖，让自己冷静下来，客观地看待事物。

反省

修正

④反省、修正而非将错误正当化

直面痛苦的情绪，进行反省、修正，就能避免重蹈覆辙，得以成长。

107

我们倾向于投资自己熟悉的公司

● 将风险降到最低

"投资组合理论（现代投资组合理论）"是通过多样化的分散投资来实现收益最大化和风险最小化。这里所说的风险并不意味着危险，而是指将来利润可能大幅上升或下降的波动幅度。

如果只进行单一的投资，好则有希望获得巨大的收益，但坏则可能会造成巨大的损失，所以要通过分散投资来获得稳定的收益。

● 信赖我们所熟悉的事物

当我们考虑投资股票时，我们倾向于投资自己熟悉的企业或是本地的公司。例如，在投资信托中，比起海外，我们更关注国内的产品。

人们实则受到"熟知法则（熟习原则）"的影响，即我们越是了解对方，就越容易产生好感。

人一旦产生好感，就会把这种好感置换为"值得信赖"，因此高估它的价值，把它视为投资对象。

相反，人们倾向于认为自己不知道或不熟悉的事物是"不值得信赖"的，更多的人认为自己不了解的事物就是不好的。

对于不了解的事物，人们并不会经过详细调查后再做评价，而是会单纯地认定它是不好的，这种考虑问题的方式愈发显著。

将风险降到最低的"投资组合理论"

如果投资项目少，好则罢了，坏则会造成巨大的损失。

分散投资对象，缩小收益变化幅度，稳定地获取收益。

不了解的事物就是不好的？"熟知法则"

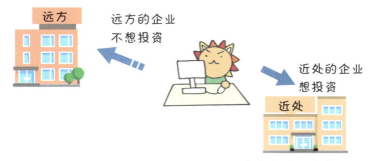

远方的企业不想投资

近处的企业想投资

在考虑股票投资时，人们倾向于投资自己熟悉的企业或当地的公司。

投资组合理论

经济学家哈里·M. 马科维茨（Harry M. Markowitz）提出的金融资产组合理论。通过分散投资，可以在维持收益的同时将风险降到最低。

『存不住钱』的真正理由

● 存不住钱的人

在严峻的经济形势下，许多家庭都不宽裕。2020年日本金融广报中央委员会关于家庭理财行为的舆论调查显示，日本36.2%的单身家庭和16.1%的两人以上家庭表示没有可用于投资的储蓄。

另外，也有很多人不是因为自身经济拮据才存不住钱，而是由于性格原因，他们想着要把生活中剩下的钱存起来。但那些能存住钱的人往往会先留出用于储蓄的钱，然后再计划用剩下的钱来生活。

比起未来，更重视现在才存不住钱的人，可能是受到了"即时倾向"的巨大影响。**"即时倾向"是一种认为眼前的收益比未来的收益更有价值的思维偏误。**

● 即时倾向测定

"当下我可以给您1万日元。但是，如果您愿意再等1年，1年后我会再给您多加一些钱。要加多少钱，您才愿意再等上1年呢？"

对于回答3万日元的人而言，一年后能得到的1万日元，今天只值2500日元。对于回答1.5万日元的人而言，一年后能得到的1万日元，价值相当于今天的4000日元。笔者对32人提出了这个问题，结果平均值为19781日元。

最常见的回答是再追加1万日元。

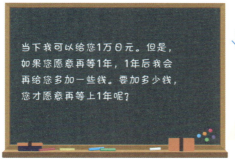

1年后的1万日元，现在价值多少？

当下我可以给您1万日元。但是，如果您愿意再等1年，1年后我会再给您多加一些钱。要加多少钱，您才愿意再等上1年呢？

3万日元！

1.5万日元吧！

1年后的1万日元，现在价值多少？

$$\frac{1万日元}{1+（希望追加的金额÷1万日元）}$$
来计算

若追加1.5万日元，则1万日元÷[1+（1.5万日元÷1万日元）]=4000日元
若追加3万日元，则1万日元÷[1+（3万日元÷1万日元）]=2500日元

将1年后的1万日元折算为现在的价值，这一行为被称为时间折扣。这笔钱的数额越低，人们就越觉得储蓄的价值感低，越是难以存住钱。

大概2500日元左右……

即时倾向

比起未来的收益，更重视眼前收益的一种思维偏误。存不住钱的人就是受到这种偏误的影响。拖延着不做暑假作业，只顾着玩的人也有很强的即时倾向。

可以实现财富增长的心理效应

● 令人无法节俭生活的心理效应

若想增加财富收益，我们可以在增加收入的同时减少支出，但有时这种"节流"的方法并不奏效。

例如，我们在经常光顾的餐厅，是不是总是点同样的菜品呢？虽然想挑战新菜品，但点餐时又总是重复点同样的东西。即使我们想省钱，但也不会频繁地更换电信运营商合同，或者主动更换手机套餐。

人们往往不会主动选择"改变"，即使他们觉得更改产品或套餐会对自己更有好处。这种现象被称为"现状偏差"。为了实现财富增长，我们需要知道这种偏差的存在，并积极地选择改变。

● 试图触发现状偏差的制造商

如果用户打破这种偏差，转而选择越来越便宜的套餐，那么企业就无法获得大量利润。因此，企业也在想方设法触发这种偏差。

企业推出的新产品置换方案可能较为复杂，与以前的套餐相比，用户无法直观地感受到是否新套餐"更便宜"。这是企业有意为之，令用户感到改变套餐很麻烦，从而望而却步，因此触发了现状偏差。

企业推出的"更便宜"的新产品置换方案可能较为复杂，与以前的套餐相比，用户无法直观地感受到是否新套餐"更便宜"。手机、运营商等推出的廉价套餐一方面吸引了新客户，另一方面也让老会员难以选择更换套餐。

了解妨碍我们"节流"的卖家心理，不随波逐流，行动起来，就能节省开支，财富也会随之增加。

现状偏差

尽管有时选择变化会带来收益，但人们还是倾向于避免改变，维持现状。这种偏差本来是出于人们对变化的防御性反应，但在变化莫测的现代社会，这种偏差可能会降低我们的收益。

你总是随大流

◉ 我们会因从众行为而犯错

人们倾向于与大多数人采取相同的行动，或者受到大多数人意见的影响。这种现象被称为"从众行为"。

心理学家所罗门·E. 阿什（Solomon E . Asch）做了一个实验。请从"A""B""C"选项中选出一条与下图中的"X"长度相同的线。因为每条线的长度有明显的区别，所以答案应该很明显。正确答案是"C"。

然而，在此要进行一个从众实验。请8名实验参与者聚集到实验室内。其中真正参与实验的其实只有1人，剩下的7人故意回答错误答案"B"。最后，问真正参与实验的人答案时，约有三分之一的人随波逐流地回答了"B"。

◉ 从众行为与经济活动

研究发现，人们在集体中容易随波逐流，判断失误。例如，下意识地想要加入排队的队伍也是从众行为的例子之一。有些商店策略性地制造排队现象。这是因为排长的队伍会吸引更多的人。

然而，经济活动中的这种从众行为有时会给人带来巨大的损失。投资某项目的艺人损失惨重，相关新闻报道的内容至今仍令日本人记忆犹新。我们应该遵守自己的意志和规则，不要受他人的影响。

人们总是追随、迎合他人

和"X"线一样长的是哪一条？

哎？嗯……选B。

B　B　B　B

实验参与者故意回答错误答案"B"。结果，约有三分之一的人随波逐流地回答了"B"。

选C……不，不对，选B吧！

此外，当其他参与者用难以置信的眼光看着回答"C"的人时，超过70%的人至少有一次从众回答了"B"（心理学家阿什的实验）。

反之，也可以对这种从众行为加以利用。当持赞同意见的人数超过5人时，别人就很难提出反对意见，所以若想要在会议上通过某个意见的时候，事先确保5名支持者会很有效果。

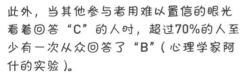

从众行为

人们试图迎合大多数人的行为、习惯和反应。从众行为的程度会因所属集体的参与程度或对他人的依赖程度而产生变化。环境影响也起到了一定的作用。笔者的研究显示，日本关东地区的从众现象比关西地区更为显著。

支付痛感随支付方式而变化

◉ 信用卡支付会增加支出

经济活动很大程度上受到心理的影响。基于这一现状，为了增加财富收益，我们需要了解自己消费支出时的情绪。

关于支付、痛感与购买趋势的研究正在全球范围内展开，当涉及支付时，即使是相同的金额，现金支付和信用卡支付所带来的支付痛感却是有很大差异的。与现金相比，使用信用卡支付时，人们愿意消费的金额会有所增加。

此外，人们用商品券购物也比用现金消费时更倾向于购入昂贵的物品。预付卡支付比现金支付的支付实感低，会导致支付金额增加。

积分相关的实验结果显示，积分余额多的时候，人的支付痛感比较弱，而积分余额低的时候，支付痛感就会比较强。

◉ 信用卡支付会增加支出

社会逐步向无现金化发展，但在日本，支付痛感较大的现金仍然是最常用的支付方式之一，这可能会抑制个人消费。虽然信用卡、电子支付越来越方便，但从避免浪费的角度来看，我们有必要谨慎消费，以免在他人推销下购入不必要的昂贵商品。

视情况而定的支付痛感

芝加哥大学的理查德·塞勒教授指出，人们在电影院购买电影票时，即使发现自己丢了10美元，依然有88%的人会选择购买当天的票。但是，如果发现自己丢失了提前购入的10美元预售票，仅有46%的人会选择再次购买电影票。一旦购买过一次，再次购买的痛感就会被放大。

丢掉了……

令人感到价格贵或便宜的因素

①支付方法
信用卡支付的痛感小于现金支付。

②使用环境
在度假胜地等地，即使商品价格发生了变化，但如果将其视为娱乐产品的话，其价格我们是可以接受的。

没办法啊！

1200日元

15万日元　　1.5万日元

　+　

③有参照物
单独购买一个移动硬盘似乎很贵，但如果和主机一同购买的话，我们就不会觉得贵了。

④收入来源
额外收入会刺激人们消费。

心理账户

人们不是通过金钱数额，而是倾向于通过心理账户（按内容分类）来判断得失的。因此，人们会单独考虑每件商品究竟是贵还是便宜，在某些情况下会高价购入某些商品，做出不合理的判断。

网购中充满行为经济学的陷阱

日本的网购规模显著扩大，富士经济调查显示，2021年日本的网络购物规模同比增长10.1%，预计2022年的网购规模将比2020年增长20.2%。

不过，从行为经济学的角度来看，网购中存在很多陷阱。重要的是，我们不要落入这些陷阱，以免浪费金钱。

◉ 定期订购战略

每月定期订购非常方便。然而，人们由于受到现状偏差的影响，即使不需要继续订购时，也不会立即取消订购。其中一些订购，只在初次消费时才有优惠，人们需要特别注意。

◉ 商品评价中的陷阱

很多人在购买新商品时，都会先确认商品评价，然后再决定是否购买。卖家对此也很清楚，因此致力于增加商品评论数，或是设法让买家留下五星好评。

◉ 注意附加条件

在寻找便宜商品时，有些人会单纯地通过比较商品价格来决定是否购买。但如果仔细观察，可能会发现实则运费更贵，所以我们一定要先确认网购的总金额，再购买。

网购中有许多陷阱，刺激用户在不知不觉中消费。

①定期订购战略

不需要每次反复订购就能收到产品，很是方便，但当我们不再需要该产品时却很难终止订购。

③注意附加条件

有些商家在显眼的标价处标注低价，却设置了昂贵的运费。此外，还有些商家会用小字把高昂运费写进订购合约条款中，伪装成一次性购买。

②商品评价中的陷阱

有些网站付费刷好评。我们需要甄别这些评价是否来自消费者的真实评论。

网购与电商的市场规模逐渐扩大

2021年日本的邮购与电商市场规模预计为151127亿日元，2022年增长至164988亿日元。其中网购占了八成，已发展成为大规模业务。此外，2020年日本的消费者支付方式中，信用卡支付约占八成。

『自己』才是最好的投资对象

● 趋于减少的终身工资

说起投资，人们可能会联想到坐在电脑前盯着图表的画面，或是把工作交给专家打理，自己过着休闲生活的场景。

但是，投资不仅限于此。**有一个概念叫作"人力资本"，它将人所拥有的知识和技术视为资本**。换句话说，也就是对自己的投资。

根据估算[①]，2018年在同一家企业工作到60岁的全职正式员工中，大学毕业的男性终身工资约为2.9亿日元，女性约为2.4亿日元。与1993年相比，这两个数字均减少了几千万日元，当时大学毕业的男性终身工资约为3.2亿日元，女性约为2.7亿日元。

此外，据推测，日本人的终身支出在逐年递增，所以生活会变得艰难也就不足为奇了。

● 最强的投资术

在这里，请大家想一想，时而盈利，时而亏损，在不稳定的投资中赚取1000万日元是非常困难的。

也就是说，比起一般的投资活动，将自己终身工资的预期值提高1000万日元，可以说是最高效的投资。重要的是，我们要进行自我投资，完善自己。下一小节中我们将一同思考，可以进行哪些自我投资。

[①] 数据源自日本独立行政法人 劳动研究·研修机构的报告——《实用劳动统计2020》(不包含离职补贴和退休金)。

最强的投资是自我投资

说到"投资"，很容易让人联想到金融产品的相关投资，但我们也可以进行自我投资，来提高工资的预期值。

日本员工的终身工资（2018年）
男性约为2.9亿日元
女性约为2.4亿日元

均比1993年的估算减少了数千万日元。也有必要考虑对独立于公司之外的自己进行投资。

如果自身的价值得以提升，选择和自由度也会随之增加。从行为经济学的角度来看，我们应该对不同于他人、具有自我独特价值的自己进行投资。

人力资本

这是将劳动者所掌握的能力视为资本的经济学概念，也被称为人力资本。早期的经济学仅将其视为单纯的劳动能力，但如今将其视为个人的教育、训练和经验积累，对涨工资等产生影响。

自我投资，创造财富

那么，具体哪些自我投资能够换来经济效益呢？当然，每一项都需要自己的努力，但是要先"有所了解"。

只要意识到本小节介绍的内容，我们的情绪和行为就会自然地转向自我投资。

● 保持健康

无论做什么工作，我们只有在身体健康的前提下才能实现。因此，无论是哪个年龄段的人，都要有健康意识，注意适度的运动和良好的饮食习惯。另外，只有睡觉才能让大脑得到休息。我们要努力确保良好的睡眠和充足的睡眠时间。

● 读书

从自己感兴趣的领域开始，通过读书拓宽知识面是自我投资的根本。近年来，越来越多的人通过网络便捷地获取信息，因此，作为自我投资，通过读书获得的深度知识更能体现其价值。尝试专注于阅读，并着重从自己感兴趣的领域的书籍中汲取知识。

先试着读10本相关的书。扎根于某一领域中的丰富知识，有时可以化作武器。

● 商务能力

所谓的"商务能力"本就不存在，它其实是指包括"沟通能力""解决问题的能力""逻辑思维能力""人脉"在内的综合能力。没有必要面面俱到，但每一项都可以作为一种商业技能来进

我们所选择的道路，也许并不能单纯地被定义为"成功"或"失败"，可能在一条曾遭遇失败的路的尽头就是"成功"。失败了也不要找借口，不要意志消沉，而是要直面失败，反省修正，这样，我们才能避免重蹈覆辙，在失败中成长。失败也是一项宝贵的自我投资。

行应用。虽然可以从经验中有所收获，但是如果有意识地提高这些能力，几年后会和只是单纯工作的人产生巨大的差距。

● 失败

　　失败的经验远比努力更重要。失败时如何转换心情，继续前进，以及如何将失败转化为成功，这些经验对我们而言比单纯的成功更有价值。不断地挑战，不断地失败，为了不重蹈覆辙而不断成长是最佳的自我投资。

专栏④

推荐与行为经济学一并学习的学科

行为经济学×脑科学

与其单独学习行为经济学，不如也一并学习其他学科，效果更佳。"脑科学"是一门与行为经济学相得益彰的学科。

行为经济学与心理学有着很深的关联，甚至可称之为经济心理学。心理学多是通过实验探究人的行为模式，而脑科学则是通过了解大脑的功能和系统，来解释人"为什么"会采取某些行动。如果我们能够了解人们如何存储信息，何时提取信息，以及人们拥有怎样的认知机制，那么就能逐步揭开经济活动机制的面纱。

以人们选择出租车的机制为例。如果我们能够了解人们选择出租车的机制，比如说究竟是通过颜色、形状、细节还是整体形象来做决定的话，就可以确定车身适合什么颜色、仪表板的颜色和形状等，来创造出外形更佳的出租车，提升乘客的搭乘体验。脑科学是应该与行为经济学结合起来展开研究的学科之一。

第五章

适用于商业与市场营销的行为经济学

行为经济学可以应用于多样化的场景。本章将介绍行为经济学在商业场景与市场营销中的应用。此外，我们还将介绍行为经济学在远程工作中的应用。希望大家能够灵活应用这些技巧和方法，使他人为我所用，更高效地产出更佳的成果。

活用助推策略① 利用『替代性报酬』引导他人的行为

● 将平凡的小事变得有趣

汽车制造商大众公司一直在研究"人怎样才能有所行动"，并开展了一项名为"趣味理论的项目"。

例如，以瑞典斯德哥尔摩市某地铁站的楼梯为例。原本大多数人都会选择使用楼梯旁的滚梯。然而，当楼梯的台阶被改为琴键设计，每一级台阶都能发出声音后，选择爬楼梯的人数增加了66％。"趣味性"能改变人的行为。

这就是"替代性报酬"的概念。让爬楼梯这一辛苦的行为能够得到趣味性的回报。这是一种非强制性的、促进人们自发选择理想行为的思考方式与方法，也可以说是助推策略的一种应用。

● 替代性报酬将行动变得"有趣"

趣味理论中还有下面这样一个例子。人们将垃圾扔进公园的垃圾桶时，垃圾桶会发出"咻"的掉落声，随后发出"嘭"的一声，就好像垃圾桶深入地下并在底部发生爆炸一样。这样一来，人们丢进该垃圾桶中的垃圾数量大约翻了一番。有趣的"声音"成了一种回报。

除此之外，在购物车上安装滑板之后，越来越多的人可以一边操控购物车一边选购商品。从十多年前开始，有人就一直在进行这方面的探索。

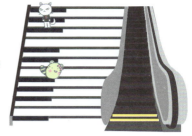

大家都选择使用楼梯旁的滚梯。出于健康方面的考量，希望大家可以使用楼梯。

楼梯的台阶被改为琴键设计，每一级台阶都能发出声音后，更多的人选择爬楼梯。

公园的垃圾桶被安装了发声系统后，许多人因为觉得很有趣，所以选择将垃圾扔进垃圾桶。

替代性报酬并非强制的，而是通过提供"趣味性"等奖励作为回报，自发地对人的行为进行良性引导。助推策略也可以被视为替代性报酬的一种。

替代性报酬

为进行良性引导，我们可以通过提供替代性回报来改变人们的选择。据说我们之所以能养成早晚刷牙的习惯，是因为牙膏的味道所带来的清爽感发挥了关键作用。这种清爽感就是一种回报。

127

活用助推策略②利用『游戏』引导他人的行为

● 健身房运营企业的替代性报酬

笔者也曾对助推策略、替代性报酬加以灵活应用。某大型健身房运营企业担心除了教练以外的员工长期缺乏运动。的确，如果该企业员工鼓励他人加强体育运动，而自身没有进行充足的锻炼，那么即使他们不需要直接对接客户，也是说不过去的。于是，笔者在该企业内网上发布了介绍徒步路线的内容。重点在于要将其游戏化，进行"非日常提案"。让员工漫步于河川中，挑战溪谷攀岩等，看看在自己平时未曾去过的地方会有哪些际遇。员工从介绍中感受到"乐趣"，于是越来越多的人选择加入运动中来。**这是应用了替代性报酬和助推策略的其中一例，将运动变为一种"乐趣"，鼓励人们自主选择理想行为，非强制性要求。**

● 通过游戏化手段，提升销售额

某回转寿司连锁店尝试引入了游戏元素，顾客每点5盘寿司，可以换1个扭蛋玩具。

已经点了4盘寿司的顾客，还会因此再加点1盘。通过盘子的数量便可知相应能够兑换多少扭蛋，可谓一个巧妙的设计。

趣味性+α的要素是?

走路好辛苦、好累

走路好有趣

就快要完成了!

如果能得到游戏化体验，人们就更倾向于有所行动。除"趣味性"外，如果还能兼具"汇集""成长"等要素，人们就更有可能参与进来。我们要关注多用于游戏中的游戏化结构。

游戏化中需关注的要素

②思考让对方采取行动的方法（任务）

如果想要人们多走步，可以将步数可视化，例如使用计步器或让对方收集物品等。

①明确目的
明确行动的目的和目标。

③报酬
任务需要报酬。可根据完成度设定报酬。

游戏化

将游戏中所用结构运用到其他领域。我们要先明确自己希望参与者采取怎样的行动以及它的目的。接下来，我们要思考让对方采取行动的方法（任务），并准备报酬。将任务的完成情况可视化。

● 人们将初始设置视为建议

人们有时会产生错觉，误将初始设置（默认设置）视为建议。

例如，有捐献器官意愿的人的比例，在不同国家之间有很大差异。荷兰为了增加器官捐赠者的数量，采取了多样化的措施，但是器官捐献意愿比例只提高了28％。而在比利时，98％的人都表明了器官捐献意愿。

杜克大学的丹·艾瑞里（Dan Ariely）教授表示，实际上意向卡上不同的提问方式会带来不同的效果，如"有意愿的人请打钩"或"没有意愿的人请打钩"之间有很大差别。

日本的器官捐献意向卡上，除了写有捐献意愿所对应的号码以便于选择，还在"询问被调查者不想捐赠的器官"等方面下了功夫。

● 商务应用

商家利用人们会误将初始设置视为建议这一特性，通过推出套餐让顾客更容易做出选择。

居酒屋就是一个很好的例子。商家先把想要出售的大量商品设定为一个套餐，在这之后再告知顾客"请去掉你不想要的"，而不是"请选择你想要的"。这样一来，顾客往往会选择更多的商品。

初始设置（默认设置）的效果

选择加入式

☐ 有器官捐献意愿的人请打钩

☐ 有活动参与意愿的人请打钩

选择退出式

☐ 没有器官捐献意愿的人请打钩

☐ 没有活动参与意愿的人请打钩

与选择加入式相比，采用选择退出式后，有参与意愿的人数急剧增加。根据日本的法律规定，企业向用户发送的广告推销邮件原则上应采用选择加入式。

主食 + 汤套餐

烤鸡肉串套餐

我们倾向于误将初始设置视为建议，不知不觉中往往就会接受这种设定（下单订购）。

如果初始设置是强制性的，那么人们会产生抵触情绪，但如果是自然发生的，人们往往会欣然接受。特别是容易随波逐流的人更要注意。

默认效应

人们在想要拥有选择权的同时，会无意识地将初始设置理解为"建议"，从而倾向于优先考虑并遵从初始设置。这种现象被称为默认效应。

把真正想推销的商品放在第2位展示

● 先展示高价商品，使其成为参照物

我们往往喜欢对一切事物进行比较。设立明显的参照物能增加销售机会。就衣服而言，如果我们先向顾客展示10万日元的衣服，然后再展示5万日元的衣服，那么对方就会觉得"第2件很便宜"。第1件衣服10万日元的价格会给人留下深刻的印象。

人们先看到一件高价商品，接下来再看到其他价格次之的商品就会感到便宜，这种现象被称为"对比效应"。

不仅是价格，对比往往会让我们在与对象物的比较中更强烈地感受到其特征，它可以广泛地应用于商业领域。我们要把真正想推销的商品放在第2位进行展示。

● 三文鱼子应该放在寿司上，还是放入碗中？

假设你是一位餐饮店老板。你所售卖的三文鱼子很受欢迎。如果你想把三文鱼子推销给更多的人，你应该怎么做？

如果你仅仅想要推销三文鱼子本身，可以把它放在寿司上，制造出鱼子满溢的效果。

但是，如果在菜单上同时加入鱼子盖饭，并使用与上述寿司中同样数量的鱼子，更多的人一定会选择鱼子盖饭。即使鱼子数量完全相同，但摆放在一起时，人们会倾向于比较容器的大小，会选择容器大的一种菜品。然而，如果分别进行展示的话，人们也许就会觉得满溢的鱼子寿司中的鱼子更多。

先展示高价商品的话……

20000日元。

好贵……

Gorgeous

5000日元。

好便宜！

当我们先看到价格为5000日元的衣服时，并不会觉得有多么便宜。而当我们觉得第一件衣服很贵时，接下来看到价格更低的衣服，就会觉得非常便宜。这是由于人们受到比较功能的影响，因此明显感受到了价格差异。

哪个冰激凌更多？

如果将冰激凌分别装在两个容器中摆放在一起，我们就会比较两者的容器，会觉得右侧容器大的冰激凌量更多。但是，如果将二者分别端出来，我们会有左边容器小的量比较多的错觉。

对比效应

人们看了高价商品之后再看便宜的商品，价格差异就会愈发凸显，会让人产生购买欲望。这是一种类似于锚定效应与松竹梅效应的心理效应。

引导顾客选择目标商品的心理战

● 网店该如何展示商品

人们喜欢对一切事物进行比较，这一特性也可以应用于商业场景。先展示高价商品，再展示便宜商品的"对比效应"以及中间价位商品最受欢迎的"松竹梅效应"都可以得以应用。

例如，在网店中，如果想让这两个效应发挥作用，建议大家总共准备三种商品，先展示高价商品。如果过于贪心，同时向买家展示五六个不同价格区间的商品，消费者将无法进行比较，不知道该选择哪一个，很有可能最后不会消费。因此，并不是选择越多越好。

此外，假设有"上等"和"普通"两种商品，如果想推销"上等"的商品，可以在它之上再设置一档"顶级"商品。通过比较，人们更倾向于选择"上等"商品。

● 准备"A"方案的低配版"A-"方案

让客户选择目标方案的方法也适用于PPT提案。如果你是提案方，无论如何都想让客户通过"A"方案，那么就准备一个"A-"方案，让客户有所比较。

"A-"方案与"A"方案非常相似，但略有逊色。补充"A-"方案，让客户有所比较，使"A"方案脱颖而出。

价格构成方案建议选用"三段式"

| A 价格（高） |
| B 价格（中） |
| C 价格（低） |

价格构成方案建议选用"三段式"。把真正想推销的商品放在第二位进行展示。如果过于贪心，给出过多提案，消费者会感到混乱，无从选择。如果仅给出两个提案，很难让对方选择自己想推销的方案。如果提供4个提案，最好是将它们以选项的方式来呈现。

PPT提案中"低配版"发挥了积极作用

想让客户通过PPT提案的话，需要相应的对策。如果想让客户通过"A"方案，最好准备与A方案相比更能体现"A"方案优点的"A-"方案。

联谊的时候，也有人会邀请和自己长得很像，但没有自己可爱、帅气的"低配版"好友一起出席。这样一来，"自己"的人气可能会有所提升。

24种果酱

国外曾有一个实验，在超市里测试人们对果酱的反应。6种果酱的用户试吃率为40%，实际上有30%的人购买。24种果酱的试吃率为60%，购买率只有3%。其实人们是因为选项太多而无从选择。

适用于远程办公的行为经济学①

● 灯光和人脸的位置

随着商业环境的变化，远程办公逐渐普及，我们将为大家介绍远程办公中可以灵活应用的行为经济学知识。本小节将为大家介绍如何在远程办公中留下好印象。

室内照明灯光从上方照到脸上，容易在脸上留下阴影。要想给人留下好印象，需要另外准备一盏灯给面部打光。如果脸色看起来不好，印象分就会大打折扣。室内照明基本是从房屋中央进行打光的。

此外，调整相机位置，使人脸处于中心。有些人只有下巴以上入镜，要注意相机左右两边的位置和高度。

身穿白色衬衫，衬衫入镜5cm左右，就会有反光板的效果，使人看起来面色红润，提升印象分。**印象分得以提升后，信赖度也会随之提升，对经济活动产生积极影响。**

● 从战略角度考虑背景设置

如果用于商务场景，最好从战略角度考虑背景设置。以自己的房间为背景，其实是一个很好的机会。人们会下意识地从你的背景中判断你的为人，所以要注意房间的整洁，并使用白色或米白色等柔和的背景。

在使用虚拟背景时，建议大家使用安静、整洁的房间图像作为背景。最好不要使用太空、夜景或有大量绿色植物的公园作为背景。因为人们会因此感到违和，注意力涣散，可信度下降。

隔着屏幕的印象度与信赖度

私下里没有关系，但在工作中还是不要使用太空或公园等背景。它可能会转移对方的注意力，也有可能给人留下奇怪的印象。

不要忘记大家正在看着你。很重要的一点是，对方说话的时候，要给予语言上的回应或点头回应。尽可能看向镜头，而不是看屏幕上的人。

● **对话时"点头"**

有时人们并不在意自己倾听时的姿态，认为自己只要认真在听就万事大吉。但实际上，比起是否真的在听，表现出"在听的姿态"更为重要。

如果你认真回应，对方就能感受到你的肯定。肯定会转化为信任，而信任有望带来巨大的经济利益。

137

◉ 何时结束谈话才能给人留下好印象

远程会议最让人头疼的问题之一，就是如何结束会议。我们很难把握宣告会议结束的时机。在大家聊得起劲的时候，想说出"那我先告辞了"这句话，并不是一件容易的事情。

也许有人想要趁着大家安静下来，聊得尽兴的时候选择结束谈话，但如果想给对方留下好印象，我们并不应该在此时选择结束谈话，而应在谈话最热烈的时候。

◉ 峰终定律

在交谈甚欢时中断谈话似乎需要很大的勇气，最重要的是，这听起来可能很没有礼貌，会给对方留下不好的印象，但事实并非如此。

人们从经历中感受到的"好"与"坏"的印象集中于情感的高峰和结尾，而不在于感到愉悦的时间长短。如果你在交谈最热烈之际，告诉对方你还有一些别的安排，并真诚道歉而后结束谈话，对方会有一个情绪的峰值，觉得还没聊尽兴，并且真诚的道歉会在他们的记忆中留下一个好印象。**这就是利用了"峰终定律"。**

与其在交谈不活跃之际退出会议，不如在积极参与交谈后离开，这是一个能给人留下好印象的方法。

在聊得最起劲之际，终止远程谈话。如果对方觉得"还没聊尽兴"，那么这次会议就会给他留下深刻的印象。这就是峰终定律。

人们的印象会停留在交谈是否愉快和如何结束交谈上。因此，在交谈甚欢时终止谈话，可以持续给对方留下一个"还没聊够"的好印象。这也是可以应用于商务活动中，能够给人留下好印象的方法。

峰终定律

根据在高峰时的情况和结束时的情况来判断过去某一经历的定律。这是指人们对某经历的印象，不是由好事与坏事的总量决定的，而是由它曾经多么热烈、最后如何结束所决定的。

为提升学生成绩，教师的奖金需提前发放

● 先发放奖金的好处

奖金是当企业实现盈利时分配给员工的报酬。它基本已经成了薪酬的一部分，对员工来说是不可或缺的。虽然它通常被视为"对辛勤工作的奖励"，但实际上，先发放奖金更为有效。

● 人们不愿返还已经到手的金钱

芝加哥大学的约翰・A. 李斯特教授（John A. List）等人在教师工会的帮助下，将教师分为两组。

我们先给A组的教师发放4000美元的奖金，条件是在学年结束时，学生的成绩提高得越多，退还的金额就越少。

对于B组的老师，根据学生学年末的成绩，我们最多支付8000美元。结果A组学生的成绩提高了10%，而B组学生的成绩没有变化。据推测，这是因为老师出于不愿"返还金钱"的规避损失心理而对学生进行了更加认真的指导。

因此，我们只要在签订项目合同的时候，**先支付报酬，并要求对方在没有达到一定效果的时候将其返还，就可以充分利用人们的损失规避心理。**因为我们一旦收到钱，再次退还时会受到很大的打击，所以人们会为了避免这种情况发生而竭尽全力。

利用奖金进行损失规避实验

A组

可以收下吗？

奖金

| 先给教师发放奖金 | → | 根据学生的成绩返还奖金 |

B组

| 根据学生的成绩 | → | 给老师发放奖金 |

太好了！奖金！
奖金

这样一来

>

结果显示，A组教师的学生成绩更好。
（芝加哥大学）

当我们退还自己曾经收到的奖金时，感觉像是蒙受了巨大的损失，因此会非常不愿退款。利用这一点，如果企业先给员工一个奖励，并承诺根据表现退还奖励时，人们就会更加努力工作。

我可不想返还奖金。

奖金支付额的变化趋势

日本经济团体联合会统计的大企业2021年夏季奖金和补助金为826647日元，同比减少8.27%。自2018年以来连续3年持续减少。厚生劳动省调查显示，30人以上规模的企业的奖金数额为438830日元（2020年），从2019年开始将持续减少。

通过反复『见面』『展示』来提升好感度

● 人们对反复观看的事物抱有好感

每天早上都出现在电视中的播音员令人感到亲切且欢喜……很多人都有这种感觉。

美国心理学家罗伯特·扎荣茨（Robert Zajonc）调查了人们看他人肖像照的次数对好感度的影响。结果发现，看照片的次数越多，就越容易对对方产生好感。不仅是看照片，见面的结果也是一样。**这被称为"曝光效应"。这一效应不仅体现在人身上，也体现在"物品"上，反复观看会提升好感度。**

● 频繁地"见面""展示"

应用这一效应，可以推进业务开展。有句话叫"销售先刷脸"，这是有科学道理的，对于每次都露面的销售，我们更倾向于给他一份工作。

在线业务也是一样，要尽可能让对方看到自己的脸，即使时间很短也可以。如果每隔一周进行1个小时的商谈，那么不如每周进行30分钟洽谈，这样更能获得对方的好感。

此外，广告也是如此，即使是较短的广告，我们只需确保播放次数足以吸引顾客即可。

提升好感度的行为

好感度

见面越频繁，好感度越高。

最好和想要拉近关系的人保持见面频率。

通过这种方式，很容易让那些对自己"无感"的人对自己产生好感，在商务活动中尤为有效。对于潜在客户而言，首先很重要的一点是要"露脸"，可以通过打招呼、闲聊、交换意见等方式进行定期会面。

曝光效应

对最初不感兴趣的事物或对象，在反复观看或交谈的过程中，逐渐产生良好感情的一种效应。也被称为"单因接触效应"。但是，对于从一开始就讨厌的人或事物，它并不会奏效。

人们在『从众心理』和『不安』的驱动下就会有所行动

● 人们希望做和他人相同的事情

人们有一种本能，即希望和他人做相同的事情，如果做的事情不同，就会产生强烈的焦虑感。从众行为能令人感到安心，否则将会感到极大的不安。**人们采取与他人相同的行动来获得安全感，这种倾向被称为"羊群效应"。**这就是当我们在电视上看到他人因灾难而囤积某些商品的画面时，也感到不得不采取行动的原因。

● 慕强心理

与此类似的还有"乐队花车效应"。这是指在选举期间，如果听到某个候选人有望当选，我们也会产生想要支持他的心理。与"从众行为"相同的一点是，两者都是想要迎合他人。

这一效应可用于商业活动和市场营销中。例如，"时下热门商品""口碑好评""收藏10万件"等广告语就是为了达到这种效果。

重要的是我们要意识到这些影响，不要感到不必要的焦虑。虽然短期内这一效应效果显著，但企业不应该给用户制造焦虑，而应该以提供安全感为目标，以获得用户信赖感，使其长期使用。

我们会被成功者、大众购买的商品所吸引

我想要追随成功者！

想和成功者、可能成功者保持一致的心理在发挥作用。

在花车大游行中，人们跟在搭载乐队的花车后面，这种效应被称为"乐队花车效应"。

现在很畅销！

因此利用这一效应，"成功人士正在做""现在很畅销（很多人都在买）"等宣传语能起到很好的宣传效果。

乐队花车效应

乐队花车指的是走在花车游行队伍最前面的乐队车。跟在最前面的乐队花车后面，意味着遵从大多数人的意见。这是一种著名的慕强心理，源于不想在选举中浪费选票、浪费感情的心理。

145

用以推销商品的『共情话题』

● 人们喜欢听故事

有故事的商品会让人共情。

例如，"2代老字号堵上公司命运的挑战""三孩妈妈育儿中想要拥有的商品"等，将产品销售编成感人的故事，不仅能吸引更多的流量，而且借助公众对故事情节的喜爱，该商品还能得到更多人的支持。

● 人们想要助力劣势者

大多数人都想为劣势者助力，特别是在听到产品开发过程中遇到困难的故事，在快要失败的时候努力拼搏的故事等。这种现象被称为"劣势者效应"。

上一小节中介绍的**"乐队花车效应"指的是一种慕强心理，而"劣势者效应"指的是想要为看似要失败的人或是遭遇困难的人助力的心理。**

这两种心理几乎完全相反，但当涉及自己利益时（选举、内部权力斗争）更容易产生乐队花车效应，而与自己没有直接关系时（体育励志故事）则更容易产生劣势者效应。

这种诉诸情感的策略非常有效，可以提升企业形象。

想助力劣势者的"劣势者效应"

正如"恻隐之心"一词所示，人们倾向于支持那些不顺利的或遭遇失败的人。

乐队花车效应

劣势者效应

背景

・家族构成
・兴趣
・梦想
・奋斗史
・成功经验

乐队花车效应往往产生于选举或内部权力斗争等涉及自己利益的情境中。劣势者效应往往产生于为甲子园①的球员们加油等与自己没有直接关系的情境中。

如果人们能够看到某个人不为人知的背景和故事，他们更倾向于支持这个人。人们往往更支持那些在电视或杂志上曝光率高的运动员。即使在广告中，描绘产品开发背后的故事也能让人产生好感，提升人们对产品或对个人的好感度。

劣势者效应

这是日本人特别中意的一种情绪，正如"恻隐之心"一词一样，它指的是对劣势者的同情。当我们了解到那些费尽千辛万苦打进甲子园的高中棒球队球员的故事时，就会萌生一种想要为他们加油的心理。

① 甲子园指阪神甲子园球场，位于日本兵库县西宫市甲子园町。—编者注

以稀缺性和第一名为卖点进行销售

● 学习高级面包销售战略

一斤1000日元以上的高级面包很受欢迎。这不仅是因为它使用了优质原料，消费者想要品尝美味，还因为"凡勃伦效应"。**"凡勃伦效应"是指人们购买高价商品并想借此炫耀的心理效应。**

除了价格贵，"很难买到"这一稀缺性也很重要。很多店都纷纷推出限量款。

许多商店对开店选址也有讲究，销售地点也是身份的象征。销售策略可分为"高品质""稀缺性""地点"这三种。

● 即使将领域细分也要凸显排名第1

在介绍商品时，如果商品是排行榜的"第1名"，则更容易被人记住，但是取得第1名并不容易。因此，找出产品能在哪个细分分类排第1名，再进行宣传，就能大大加深产品印象。比起全国综合排名第5名，〇〇县排名第1会给人留下更深刻的印象。

在公司介绍中，用〇〇类第1名来进行表述会更有冲击力。

对于甲方而言，负责人把工作委托给规模虽小但行业领先的公司，在甲方内部较容易得到认可。但是，如果委托给综合排名前10名的公司，甲方内部有时会产生异议。

高级面包与凡勃伦效应

物有所值的商品 2000 日元

限定10个

店铺开在潮流人士聚集地

\快看，快看!

高品质品牌小麦

超高级面包

稀缺性、高品质、高价格。店铺开在潮流人士聚集地。当人们买了这样的商品时，就会产生想向别人炫耀的心理。除了想和家人、朋友分享这一话题、分享美味之外，还有一种心理，就是想得到"你居然知道这样的店""你买的真好"之类的赞美。

校园恋爱小说
第1名

五口之家的家庭用车
第1名

运用这一心理，即使将介绍细分化，也要凸显第1名。比起全国第16名，不如说是〇〇县第1名；比起校园小说第6名，不如说是校园恋爱小说第1名，从商业角度来说，这样的宣传效果更佳。

凡勃伦效应

与推崇物美价廉的经济心理学的基本原理相反，这是一种想通过购买高价商品，让别人觉得自己"了不起"的心理。美国经济学家托斯丹·B.凡勃伦（Thorstein B.Veblen）注意到了一些人为了引人注目而购买高价商品的现象。

专栏⑤

推荐与行为经济学一并学习的学科

行为经济学×企划案与企划书

与其单独学习行为经济学，不如也一并学习其他学科，效果更佳。掌握企划案、企划书的写作方法与学习行为经济学相得益彰。

行为经济学主要研究人们的思维习惯和思维偏误。在思考企划案时，如果了解了这种偏误，对于排除主观臆断、修改企划案、落实创意就会很有帮助。在构想创意的时候，光靠思考是想不出好点子的。创意不是凭空产生的，而是有备而来的。行为经济学可以给企划带来很多启示。思想不是偶然涌现的，而是人们经过准备，创造出来的。行为经济学可以为你的规划提供许多启示。

此外，在制作用于说服他人的企划书、向他人传达企划内容时，行为经济学的知识也能发挥作用。例如，如果想让客户通过A方案，为了提供参照物，我们就需准备好"A-"方案。不要只考虑细节，为了统一整体，提升品牌力，我们可以利用"狄德罗效应"。试着在企划书中加入女性的面孔吧。有趣的是，这样做还能达到提升信赖度的效果。

PART
6

第六章

如何提升获取财富、利用财富的幸福感

行为经济学并不是学过之后就万事大吉。它是一种工具，目的是避免损失，获取利润，增加财富收益。而赚钱的最终目的，还是为了收获『幸福』。让我们基于行为经济学，思考如何以一种能给人幸福感的方式获取、利用财富。

『收入越高就越幸福』是一个谎言吗

● 收入与幸福指数不一定成正比

许多人认为，随着收入的增加，幸福感也会有所提升。然而，日本内阁府的一项研究显示，自20世纪60年代以来，国内生产总值（GDP）虽然有所增长，但人们的幸福指数却没有太大变化。

日本某大学的调查显示，对于年收入1000万日元的家庭而言，当年收入上涨300万日元时，幸福指数也随之增加；但当上涨了700万日元左右时，幸福指数一度保持不变；在上涨了近900万日元时，幸福指数有所下降，而后上升；但上涨超过1500万日元后，幸福指数却会有所下降。

一些研究调查显示，850万日元或3000万日元给人带来的幸福感较高，也有人认为收入和幸福指数之间几乎没有关系。

● 人通过与他人比较获得幸福感

收入与幸福指数之间的关系，**不仅仅取决于自己的工资，有时也会通过和他人的比较建立起来。这种现象被称为"相对收入假说"。**

大家是否关心同事的工资或从事类似工作的其他人的报酬呢？

人们常常通过比较来做决定，如果拿自己的收入与他人进行比较，幸福指数、幸福感就会忽高忽低。

幸福感不应取决于与他人的比较，而是要按照自己的价值观去思考做什么、怎么赚钱。

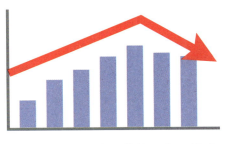

幸福指数与年收入之间的关系

幸福指数和年收入之间的关系并不简单，收入超过一定的金额，幸福感就会下降，不容易确定。

想知道大家的收入……

我们倾向于通过与他人的比较来感受幸福。如果我们过多地与他人进行比较，就很难感到幸福，最终还可能会看不起他人。

不拘泥于年收入，也不过度与他人比较，这才是拥抱幸福的关键。

相对收入假说

仅靠自己的收入很难让人感到幸福，人们会通过与他人比较来衡量幸福指数。例如，即使收入增加了5万日元，看到周围人的奢侈生活，就会觉得自己的收入低，因此很难产生幸福感。

日本人的幸福感相当低

◉ 日本人的幸福感

如果对自己目前生活的满意度进行打分，0到10分你会给多少分？

日本内阁府每年都会对人们的生活满意度和生活质量进行调查，在2021年的总体满意度调查中，总体平均分约为5.7分，同比略有下降。

根据内阁府2019年的调查，女性的生活满意度稍高于男性，30岁、40岁、50岁国民的生活满意度逐渐下降，但超过了60岁之后又急剧上升。

调查发现，人的健康与社会关系（与朋友的互动、志愿服务、可依赖的人数）在生活满意度中发挥着重要作用。

◉ 世界各地的幸福指数

在2021年的全球幸福指数排名中，第1名是芬兰，第2名是丹麦，第3名是瑞士，第13名是德国，第17名是英国，第19名是美国，日本排在第56名，排名靠后。

另外，虽然亚洲国家和地区整体幸福指数较低，但当被问及自己是否是一个有价值的人时，高达80%的中国人给出的回答是"是"，而给出肯定回答的日本人仅有45%，比率较低。

日本人对生活的满意度很低，属于否定自身价值的低幸福感类型。我们必须要思考如何能提升幸福感。

世界各地与日本的幸福指数

全球幸福指数排名
[《全球幸福指数报告
（2021）》]
芬兰（约7.8分）
丹麦（约7.6分）
瑞士（约7.6分）

日本（约5.9分）
韩国（约5.8分）

女性生活满意度略高于男性。

生活满意度下降的一个主要原因是由于收入减少而无法摄取足够的食物。

在发达国家儿童幸福指数排名（2020/联合国儿童基金会）中，日本在38个国家中综合排名第20位。精神幸福指数排在第37位。尽管日本拥有得天独厚的条件，但其低幸福指数却格外突出。

生活满意度

GDP

日本GDP比1960年增加了约4倍，但生活满意度几乎没有变化。

幸福悖论

人们认为经济增长会增加国民收入，从而提升幸福感，但是日本人均GDP从20世纪60年代以来增加了约4倍，而国民生活满意度和幸福指数却没有提升。一些经济学家也在研究这个问题。

● 幸福感是大脑创造的

实验和研究表明，幸福感既不是偶然的，也不是自己争取来的，而是大脑"创造"出来的。

较高的年收入确实能在一段时间内提升人的幸福指数，但很快我们就会习惯它，幸福指数就会下降。这被称为"顺应假说"。另外，我们在做出选择之后，如果可以改变，或者进一步改善选择，大脑就会产生欲望，想要追求最优解。结果，我们的幸福指数就会下降。

● 人为制造幸福感的系统

事实表明，当自己的选择无法改变时，人们就会下意识地制造出一种人为的幸福感。这种被创造出来的幸福感是成功的替代品，因此有些人认为它并不如真正成功后所获得的幸福感。

然而，事实并非如此。它与成功时所产生的幸福感没有任何区别，甚至有可能程度更高。

这是"防卫机制"的自我保护功能的一种，被称为"合理化"。 它使我们对目前的状况感到满意。

巨款和重病不会改变幸福指数吗？

幸福在哪里？

幸福在这里！

幸福感不是我们"找到的"，而是自己"创造的"。很常见的是，无论是获得巨款的人，还是得了重病住院的人，他们的幸福指数都是一样的。多项调查表明，幸福指数并不会随着不同情况而变化。

多种防卫机制

多亏这次受伤，让我看清了很多事情。

升华

如果做不到自己想做的事，就去参加志愿服务等社会活动。是一种向上升华的健全的防卫机制。

合理化

给失败或没有成果的事情找借口，使自己正当化、说服自己的一种行为。

认同

模仿自己崇拜的名人、艺人。试图通过成为自己崇拜的对象，来满足自己的需求。

防卫机制

这是为了防止自己受到伤害，进行自我保护的一种无意识的心理活动。它包括"压抑"，如假装没有感受到某种痛苦；"抵消"，如指责某人后又想要讨好对方；"投射"，如把自己的过错归咎于他人、指责他人。

利
用
行
为
经
济
学
提
升
幸
福
感
①

现在让我们考虑如何利用行为经济学来提升幸福感吧。

● 增加收入

要提升幸福感，增加收入是很重要的。但是，一旦收入超过某一数额，幸福感就不会再随之上升，所以不应仅仅拘泥于收入。

在某一特定方面表现突出的人，往往在其他方面也会受到肯定。这被称为"晕轮效应"。晕轮效应在创业或副业中也能产生强烈的效果。

● 与人交往，心存感恩

我们知道，幸福感来自与他人的人际关系。如何与家人和他人相处是一个非常关键的问题。

加利福尼亚大学的研究表明，把"感恩"的心情写下来能提升幸福感。懂得感恩的人会感受到更多的幸福。

每天早上精神饱满地与他人打招呼，每天晚上睡前总结反思，力求发现一件值得感恩的小事。

提升幸福感的5个要素

说得真好，一定很聪明！

创业　副业

①增加收入

通过创业、副业等增加收入。与其面面俱到地培养各种能力，不如展现出特别突出的能力，这样才能提升整体评价。

感谢

③不要在意他人的眼光，坚持挑战

不要在意他人的眼光，要有不断挑战的意识。

②与人交往，心存感恩

懂得感恩的人能收获更大的幸福感。睡觉前进行反思，找到一件值得感恩的小事。

④活出自我

与周围的人融洽相处的同时，做真实的自己，才能收获幸福感。

⑤适度的运动

经常进行适度运动的人精神状态较好，幸福指数也比较高。

● 不要在意他人的眼光，坚持挑战

能否积极地做自己想做的事，对幸福感有很大影响。如果感觉自己的生活受人管制，幸福感就会降低。能够进行自己管理、挑战自我的自由环境是很重要的。能够挑战自我，需要一个允许失败的环境，以及一份认为总会有办法的安心感。

不害怕失败，想要挑战各种各样的事物。**人们都受到"焦点效应"的影响，即往往感觉别人在关注自己。**但实际上，别人并没有那么关注我们，也不会批判我们的失败。让我们从阅读新领域的书籍这样的小挑战开始，迎接新的挑战吧。

● 活出自我

在与周围人合作的同时，展现真实的自己也能创造幸福感。要谨记，将来自对方的正面情绪好好地传达给对方，不要在背地里谈论一些负面的想法。

正如"相对收入假说"所述，不要从与他人比较中获得幸福感，而是要做无论别人说什么都不会动摇的坚定的自我。

● 适度的运动

美国耶鲁大学与英国牛津大学的共同研究表明，进行适度运动的人比不运动的人精神状态更好，幸福指数也更高。美国杜克大学的研究结果也表明，**心理健康可以通过运动得到恢复。**

　　重要的是，即使是做简单的运动，也要养成一种习惯。比如说提前一站下车，然后走路回家等。走路时，要注意抬头挺胸。

　　此外，美国贝勒医学院附属得克萨斯儿童医院主导的一项基因组数据分析发现了三种与主观幸福（人们对主观生活的评价）相关的遗传变体，表明幸福感受到遗传的影响。

　　共同研究者南加州大学经济和社会研究所的丹尼尔·本杰明（Daniel Benjamin）副教授解释说，遗传特征只是影响心理特征的一个因素，环境对心理特征的影响不小于遗传特征。虽然感知幸福的能力有遗传成分，但至少其中一半可以通过改变后天的思维方式来获取。

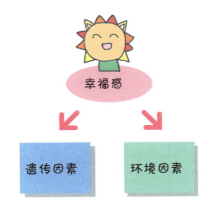

婚姻与经济学

● 不愿结婚的人们

未婚的读者，你们打算结婚吗？已婚的读者，你们觉得结婚之后幸福吗？

近年来，日本的高未婚率已成为一个社会问题。

2020年日本内阁府的调查显示，单身的主要原因依次为"还没有找到合适的伴侣"（50.5%），"不想失去单身生活的自由和安逸"（38.6%），"经济上并不宽裕"（29.8%），"认为没有必要结婚"（27.9%），"希望享受当下的爱好和娱乐"（27.3%）。

● 不想因为结婚而承担损失？

人具有很强的"损失规避心理"。

从不想改变现状的角度而言，是受到了"现状偏差"和"禀赋效应"的影响。

所谓没有遇到合适的结婚对象，其实是没有遇到哪怕是改变自己现在的生活，也想要与之结婚的人。时至今日，人们的损失规避心理越发凸显，可能会成为婚姻的一大障碍。

不愿结婚的背后原因是？

没兴趣！

日本内阁府2018年的调查显示，20～49岁的未婚男女中，超过四分之一的人表示自己未来无意结婚。

想继续做自己喜欢的事情、现在投身的事情。不想因为结婚而改变现状（现状偏差）。

结婚的弊端

·可能改变当下的生活

·开销太大

·失去自己的时间

金钱

爱好

时间

认为自己拥有的东西更有价值，因此不想放手（禀赋效应）。

舆论压力

过去在日本，很多人结婚主要是由于在意其他的人看法。在某些情况下，亲戚和身边的人都嚷嚷着"快结婚吧"，到了适龄期，介绍相亲的人也多了起来。当时的环境和现在大不相同。

『财富的用途』也会影响幸福感

◉ 把钱用在自己身上，还是用在别人身上？

社会科学研究者迈克尔·诺顿（Michael Norton）做了一个实验，给学生5美元或20美元，让他们"为自己"或"为他人"消费。

当被问及他们的幸福感是否有变化时，把钱用在自己身上的学生没有显示出任何变化，而把钱用在别人身上的学生的幸福感则有所提升。而且金额的差异无关紧要，重要的是是否"为他人"消费。

在乌干达进行同样的实验，结果显示，虽然钱的用途完全不同，但让人产生幸福感的共同点不是钱用在了什么地方，而是钱"给谁用"。

◉ 保持健康的心理状态

诺顿又在比利时的多家企业进行了同样的实验。分别给两个销售团队15欧元，一组用于自己，另一组用于团队。结果显示，将钱用于销售团队的小组获得了更高的销售额。他们赚取了比开销更多的利润。

当幸福感发挥作用时，我们会变得更加积极、友好、富有创造性。

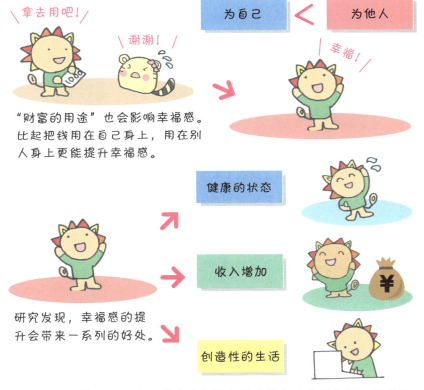

把钱用在他人身上能提升幸福感

"财富的用途"也会影响幸福感。比起把钱用在自己身上，用在别人身上更能提升幸福感。

研究发现，幸福感的提升会带来一系列的好处。

某项关于慈善事业和幸福感的研究调查了世界各地人们是否向慈善机构捐款，以及他们对自己生活的满意程度。结果发现，几乎在所有的国家和地区，那些捐款的人比没捐款的人幸福感更高（诺顿）。

积极心理学

心理学的一个分支，研究如何使生活更丰富、更充实。经常将其与经济活动一并考虑，研究如何通过增加收入等方式提升幸福感。

增设目标，提升幸福感

● 把钱用于体验上，而不是购物上

你什么时候会感到幸福呢？回想自己的经历，你会发现它们似乎都与体验有关。我也曾因为购物而兴奋不已，但它并不及体验所带来的巨大的幸福感。

美国曾做过一项实验，结果表明，人们去旅行或参加活动时所获得的幸福感大于购物时所获得的幸福感。

哈佛大学丹尼尔·吉尔伯特（Daniel Gilbert）教授表示，**正向体验的频率（次数）比正向体验的浓度（强度）更能让人产生幸福感**。体验过许多令人愉快的小事的人，更容易获得幸福感。

● 增设目标，提高幸福感

此外，为了丰富工作和个人生活中的正向体验，笔者建议大家有目标地行动。

不受目标束缚、自由行动的人看似容易获得幸福感，但实际上，设定适度的可行目标的人幸福感更高。

通过制订并实现很多小目标，我们不仅能获得幸福感，还能强化自尊感等与幸福感息息相关的重要情感。

把钱用于体验上，而不是购物上

比起购物，把钱用于体验上更容易获得幸福感。我们要思考的不仅仅是去购买或收集什么商品，还要考虑我们究竟要经历、体验些什么。这并不是否定购物给人带来的幸福感，因为有些人的确把"购物"当作一种愉快的体验。

好的，下个目标！

设立并实现目标也会带来幸福感。制定并逐一实现一个个"小目标"，然后表扬自己，再继续向下一个目标前进。

小小的成就感可以提升自尊感和自我肯定感。随着自信的增长，幸福感也会随之提升。自信会成为我们的力量，促使我们欣然接受新的挑战，助力我们朝着积极的经济活动前进。

把开心的事情留到"以后"做

多项研究结果表明，不要立即消费快乐，留到"以后"再用效果更佳。购物之后不要马上使用，想象着使用它时的情景，莞尔一笑，就能感受到更大的幸福感。

人们都希望通过获取金钱和物质来获得幸福感。在阅读本书之前，我想有人会认为有钱就能幸福，因此才想要学习行为经济学。但事实并非如此。仅仅有钱，很难获得幸福感。同样，笔者认为仅仅学习行为经济学是没有价值的，只有能够灵活应用这些研究结果时，它才变得有意义。本书介绍了许多可以进行实操的行为经济学的知识。

偶尔有人会炫耀自己的高收入，揶揄别人。这样的人总是处于战斗状态，与幸福感无缘。他们不知道自己大脑中有关经济活动的机制。幸福感是可以"创造"的。能将经济活动转化为精神上的富足的人，才能收获幸福感。我们应该通过经济活动明确这一点。

即使结果不符合预期，我们也可以创造幸福感，并以此为精神食粮，再度发起挑战。

行为经济学是真实的经济活动。从本书中获取行为经济学的知识，将大大提高我们成功的概率。而且，即使失败了，我们也能创造出通往幸福的路径。没有什么可怕的，你一定能做到。

挺胸抬头前进吧。当我们了解自己当下的经济结构和心理状态之后，一定能获得巨大的幸福感。

希望本书能成为大家学习行为经济学的第一本书，让大家在经济活动之外的领域，也能拥有更加丰富多彩的人生。

波波工作室

"マンガでわかる行動経済学" / ポーポー・ポロダクション著（2014年 / SB クリエイティブ）

"パンダ先生の心理学図鑑" / ポーポー・ポロダクション著（2017年 / PHP研究所）

"7日間で「幸せになる」授業" / 前野隆司著（1994年 / PHP研究所）

"情報を正しく選択するための認知バイアス事典" / 情報文化研究所著、高橋昌一郎監修（2021年 / フォレスト出版）

"意思決定の行動経済学（DIAMOND ハーバード・ビジネス・レビュー論文）"
/ ダニエル・カーネマン他著（2016年 / ダイヤモンド社）

"データで見る行動経済学 全世界大規模調査で見えてきた「ナッジの真実」"
/ キャス・サンスティーン他著、大竹文雄監修、遠藤真美訳（2020年 / 日経 BP）

"実践 行動経済学" / リチャード・セイラー他著、遠藤真美訳（2009年 / 日経 BP）

"予想どおりに不合理" / ダン・アリエリー著、熊谷淳子訳（2008年 / 早川書房）

"経済は感情で動く はじめての行動経済学" / マッテオ・モッテルリーニ著、泉典子訳（2008年 / 紀伊國屋書店）

"オイコノミア ぼくらの希望の経済学" / NHK E テレ「オイコノミア」制作班、又吉直樹著（2014年 / 朝日新聞出版）

"ユースフル労働統計2020―労働統計加工指標集―" / 労働政策研究・研修機構

内閣府 "令和2年度少子化社会に関する国際意識調査報告書"

ユニセフ "レポートカード 16―子どもたちに影響する世界：先進国の子どもの幸福度を形作るものは何か"

中川宏道「ポイントと値引きはどちらが得か？：ポイントに関するメンタル・アカウンティング理論の検証」（2015）

村井翔、松村真宏「規範と監視を訴求したポイ捨て抑止実験」（2018）

松村真宏「対人距離に配慮した街頭配布の仕掛け」（2020）

松村真宏、山田佑香「真実の口型手指消毒器による手指消毒行動の習慣形成の試み」（2021）

Aysu Okbay, BML Baselmans, JED Neve, P Turley, D Cesarini: Genetic variants associated with subjective well-being, depressive symptoms, and neuroticism identified through genome-wide analyses（2016）

Drazen Prelec,Duncan Simester：Always Leave Home Without It: A Further Investigation of the Credit-Card Effect on Willingness to Pay（2001）

Ronald E. Milliman,"The Influence of Background Music on the Behavior of Restaurant Patrons,"Journal of Consumer Research, Vol.13, No.2,pp.286-289（1986）

Klemens M. Knoferle, Eric R. Spangenberg,Andreas Herrmann and Jan R. Landwehr, "It is all in the mix: The interactive effect of music tempo and mode on in-store sales"（2011）